석양, 그리고 발자국

시조사랑시인선 69

영종도 시인
배종도 시조집

석양, 그리고 발자국

열린출판

영종도 시인 배종도 시조집
석양, 그리고 발자국

1판 1쇄 발행 2025년 10월 10일

지은이 | 배 종 도
펴낸곳 | 열린출판
등록 | 제 307-2019-14호
주소 | 경기도 고양시 덕양구 권율대로 656, 1401
전화 | 02-6953-0442
팩스 | 02-6455-5795
전자우편 | open2019@daum.net
디자인 | SEED디자인
인쇄 | 삼양프로세스

ⓒ 배종도, 2025
ISBN 979-11-91201-96-3　03810

*책값은 뒤표지에 표시되어 있습니다.
*저자와 협의하여 인지를 생략합니다.

■시인의 말

 시조는 자유시가 아니고 정형시입니다.
 정형이 시조의 생명이라고 한다면, 그 정형에 충실해야 할 것입니다.
 따라서 주어진 형식에 권태를 느끼게 될 경우가 생긴다면, 차라리 자유시를 쓸지언정, 무분별한 파격은 삼가야 합니다. 왜냐하면 시조시의 존재 가치는 어디까지나 시조시 특유의 형식미에 있기 때문입니다. 그러므로 시조시에서는 형식을 배제할 경우 그 시조시는 생명을 잃게 되고 맙니다. 불가피한 파격은 때로 천금보다 빛날 수도 있으나, 파격을 위한 파격은 절대로 있어서는 안 됩니다.
 따라서 이 책에 수록된 시조도 최대한 파격을 피하고, 스스로가 정형의 틀 안에 갇혀서 그 정형의 틀에 아름다운 문장으로 장식하고자 하였습니다. 다소 미흡한 부분도 있겠으나, 창작의 고통을 담아내고 싶었음을 밝혀둡니다.

 그리고 모든 시조시인들의 선망의 대상인 '모상철 시조문학상' 제정자이신 '모상철' 시조시인께서 본 시조집을 출간하는 데 적극적인 후원을 해 주셨습니다. 깊은 감사의 말씀을 올립니다.

배종도 識

■ 서문

놀라운 연비어약鳶飛魚躍의 필봉과
소박한 인간미

이광녕

(문학박사, 문예창작지도교수)

 배종도 시인은 한국 문단이 낳은 걸출한 작가이다. 대학원을 나오고 36년간이나 교편생활을 하였으니, 학생들을 대상으로 정밀한 시조 창작 교육을 장기간 해왔을 터이다. 《월간문학》으로 등단한 그는 일찍이 서울신문 신춘문예 시조 부문에 당선된 바 있으며, 한국시조협회 사무총장을 거쳐 현재는 인천시조문학회 부회장으로 활동하고 있는 정통 시인이다.

 배종도 시인의 독특한 캐릭터는 큰 체구로 보아서는 배중손 장군과 같은 무인을 연상케 되지만, 그의 시조 필력이나 날카로운 예봉의 서예 작품으로 보아서는 고품격의 문인 자질을 갖춘 선대의 명품 작가를 능가한다. 그러기에 그는 한 마디로 문무文武를 겸하고 있는 이 시대 보기 드문 선비형의 멀티 작가이다. 그는 최근에 「백령도 폐등대 앞에서」라는 작품으로 명예로운 백수白水문학상 대상에 선정되어 또 한 번 주변을 놀라게 하였다.
 이번에 선보일 작품집에는 이러한 그의 작품 성향이 잘 드러나 있는데, 그중 몇 편의 대표 작품만을 들어 그의 작품세계 전반에 나타난 시적 경향과 특징을 조명해 보기로 한다.

> 1.
> 누구나 입속에다 총 한 자루 넣고 산다.
> 써늘히 앙가슴을 찢어놓는 탄환 한 발
> 아무리 재고 빨라도 / 피할 수 있겠는가.
>
> 하늘 향한 험담 몇 번, 해 가리는 구름 되어
> 석양 불러 다 태우고 바람에 재 날렸다
> 그렇게 높은 곳에는 / 흔적 없이 흩어질까.
>
> 2.
> 몇 차렌가 꽃잎 지고, 육탈(肉脫)한 뒤 알게 됐다.
> 총알은 / 소나무에 / 옹이 되어 박혀있고 //
> 험담은 / 장미에 숨어 / 숱한 가시 내민 것을.
>   - 「총알과 험담」 전문

 이 글은 말조심, 입조심에 대한 경계심을 일깨워주는 작품이다. 이 글의 구성은 독특하게 1부와 2부로 나누어져 있다. 1부의 1연에서는 따발총처럼 쏘아대는 막말의 전파력과 그 위력을, 2연에서는 험담의 폐해와 그 무상감을, 그리고 2부에서는 총알과 험담의 돌이킬 수 없는 상흔과 독성

에 대하여 결론적으로 시상을 전개하였다. 전체적으로 마지막 연에서 주제 의식이 선명히 표출되었으니, 귀납적 시상 전개의 형식을 취하고 있다.

요즘 신조어로 '뒷담화'라는 말이 있는데, 뒤에서 남의 험담을 일삼는 행위를 말한단다. 입이 가벼운 자는 해를 가리는 먹구름이다. 뒷담화는 이간질의 첫째 요인이며, 간교한 자의 무기이다. 어리석은 군주에게 간신배가, 쓴소리만 하는 충신을 뒷담화해 누명을 씌어 죽게 만든다면, 결국 나라는 패망할 것이다.

일찍이 당나라 말기 풍도馮道의 말에 '구시화지문口是禍之門 설시참신도舌是斬身刀'라 하여, '입은 재앙의 문이요, 혀는 자기 몸을 베는 칼'이라고 경계한 바 있다. 순자는 성악설性惡說을 주장하였는데, 인간의 본성은 공연히 말이 많고, 뒤에서 험담하길 좋아한다. 이러한 악행이 얼마나 남에게 상처를 주는지 경솔하고 마음 얕은 인간들은 잘 느끼지 못한다.

이 글은 이러한 막말과 험담의 해악성을 결론적으로 박혀있는 '옹이'와 '장미의 가시'로 비유하면서 문학적으로 수준 높게 형상화해 놓았다. 읽을수록 깊이 있고 자성自省의 의미가 몸에 와 닿는 교훈적인 글이다.

> 종로를 들었다 놓고 가쁜 숨 삼킨 날은
> 날아오는 돌팔매에 잠 못 들고 눈을 감지
> 그런 날 / 그런 날 밤은 / 누구 안부 물어볼까

서로 다른 길을 가다 소실점에 마주 섰다.
앵돌아져 부딪혀도 / 오늘 하루 손잡는가.
꽉 막혀 / 터지는 복장 / 두드린다, 서른세 번.

솟구치던 분화구에 타는 용암 덩어리들
묵은 시름 함께 싸서 / 둘러메는 범종 소리
시퍼런 / 맥놀이 탄다. / 북악산을 넘어간다.
　　　　　　　　　　　　-「섣달 그믐밤 보신각에서」전문

　종소리는 세월의 울림이다. 이 글은 보신각종의 섣달 그믐밤 울림의 의미를 과거와 현재를 넘나드는 역사의 교차점으로 인식하면서, 시공時空을 넘어서 온 시대적 상징성에 현장감을 되살려 수준 높은 문학적 기법으로 표출해 내고 있다.

　작가는 제야除夜의 종소리 의미를 더욱 승화시키기 위하여, 시대적으로 뼈아픈 혼란의 역사를 재현하듯 등장시키고 이를 다시 전체적으로 봉합하여 융합시키는 고도의 비유와 비약적인 언술 기법을 사용하였다. 보신각 종소리는 나라의 혼란을 잠재우고 꿈틀꿈틀 새로운 꿈을 잉태했다가 드디어 제야의 종소리로, 아니 새해 소망의 첫 고고지성呱呱之声으로 널리 온 누리에 탄성誕声을 자아낸다.

　인간은 과거의 열매를 따 먹고, 현실의 설한풍을 이겨내면서, 미래의 무지개 소망을 품고 사는 존재다. 그러기에 이 글에서는 '묵은 시름 함께 싸서 둘러메는 범종 소리'에 '시퍼런 맥놀이 현상을 타고 북악산을 넘어간다'고 하였다.

작가의 감성적인 역사 인식과 소망 의식, 그리고 문학적 재능이 선명히 드러나 있는 인상 깊은 작품이다.

> 저녁나절 인력시장 일을 마친 잡역꾼들
> 개골* 내고 몰려가는 장국밥집 구석에서
> 생육은 / 못 본 지 오래 / 막걸리 몇 잔 축낸다.
>
> 한우갈비 따위들은 상류층의 특권인걸
> 입안에서 사르르 녹는 황홀감 모를까만
> 아는 맛 / 더욱 무서워 / 생이 마냥 서름하다.
>
> 눈 한 번 질끈 감고 수입 쇠고기 두어 근 산다.
> 채소만 오르던 밥상 / 환호성에 속 쓰리고.
> 가녀린 / 연기가 맵다 / 아내와 자식 앞에.
> ―「쇠고기 두어 근」 전문

이 작품은 인력시장 노무자의 서민적인 애환을 그려낸 작품이다.

막걸리 몇 잔으로 고단한 하루를 달래고 나서, 상류층의 전유물인 한우갈비 그것을 사서 가족에게 먹이고 싶은 마음이야 굴뚝 같았지만, 형편이 여의찮으니 사질 못하고 그저 서름하기만 하단다. 그러니 수입 쇠고기라도 두어 근 사서 밥상에 올려주니, 채소만 먹던 가족은 그래도 환호성을 지르지만, 화자는 속이 쓰리고 굽는 연기조차 맵기만 하단다.

문학작품의 탄생은 작가의 체험으로부터 우러나온다.

송나라 시인 구양수(歐陽脩)는 '시궁이후공(詩窮而後工)'이라 하여 '시는 곤궁함을 겪은 뒤에라야 시다운 시가 되는 것이다'라고 하였는데, 아마도 이 작품은 작가 자신의 어려웠던 지난 세월을 반추하며 글을 썼으리라. 소외된 계층의 서민적 애환이 재현된 구수한 작품으로 작가의 소탈한 인간미와 휴머니즘이 넘쳐흐르는 작품이다.

배종도 시인은 평범 속에 진실이 발견되는, 텁텁하고 소박한 막걸리 타입의 작가이다. 목소리도 우렁차서 장중하며 무게감이 특출나지만, 그의 시조나 서예 작품을 대할 때마다 느끼는 것은 우람한 그의 캐릭터와는 달리, 매우 섬세하고 세미한 그의 예술적 감각과 솜씨에 대한 경이로움이다.

배 시인은 중후한 품성에 소탈성과 섬세성을 두루 갖춘 군계일학의 명품 작가요, 전형적인 현대 멀티 작가이다. 그는 사물을 감별하는 개성적 안목과 감성이 뛰어나서 그 시혼이 매우 이지적이고도 서정성이 짙으며, 자기성찰을 통한 깨달음의 철학을 제시하는 데 매우 능숙하다. 그의 눈 안에 들어오는 글감들은 그의 체험으로부터 우러나온 깊은 사유의 세계에 녹고 여과되어 놀라운 생명력으로 다시 태어난다.

이번에 탄생하는 시조집은 이러한 배 시인의 인생철학과 세계관, 그리고 원숙한 그의 필력이 그대로 드러난 삶의 고백서요 자화상이다. 여기엔 배 시인의 성실성과 노력, 그리고 인간미가 차곡차곡 쟁여져 있어 주옥같은 시편들이 반짝반짝 빛나고 있다.

　오랜 기간 교편생활을 해온 그의 견문과 고난 체험의 맑은 시혼은 많은 시인의 사표가 되고 있다. 이 한 권의 시조집이 영혼의 쉼터를 찾지 못하고 있는 많은 독자에게 새 소망의 등불이 되리라 믿는다

■ 차례

■시인의 말 ············· 5
■ 서문: 놀라운 연비어약鳶飛魚躍의 필봉과
　　소박한 인간미__이광녕 ············· 6

1부 고목의 가지엔 뭇별이 내려앉고

어떤 서법書法 ················· 21
공空 ························· 22
고향의 당산堂山나무 ··········· 24
사기리 탱자나무 ·············· 26
남산 소나무 ·················· 28
창경궁 주목朱木 ··············· 30
바보 대추나무 ················ 31
사과나무 엿보기 ·············· 32
봉감모전5층석탑鳳甘模塼五層石塔 ······ 34
거실바닥 묵란도墨蘭圖 ············· 36
천마도 장니天馬圖 障泥 ············ 38
광화문 해치 ·················· 39
청자오리모양연적 ············· 40
천년 주목, 혹은 풍장 ·········· 42

주목, 그 붉은 뼈대 ················· 44
비천상飛天像 ······················· 46
노송老松 ··························· 47
광우병? 글쎄 ······················· 48
명퇴한 날 ·························· 49

2부 사랑! 아름다운 아픔, 그 다음은

설움이 북받치는 밤 ················ 53
그리움 ····························· 54
비련悲戀 ··························· 55
미움이 그리울 때 ··················· 56
나목裸木의 옷 ······················ 57
갈대의 모정母情 ···················· 58
어느 한센병 환자들의 성자聖者 ······ 59
대못 ······························· 60
기다림 ····························· 62
영지影池에서 무영탑을 찾다 ········· 63
혼자 스러지는 종소리 ··············· 64
이혼한 친구를 위하여 ··············· 66
우울증 탈출 ························ 67

단풍놀이, 가슴으로 추는 막춤 ······················· 68
조각보, 꽃 피우다 ··· 69
총알과 험담 ··· 70
어떤 불사조 ··· 72
헌책방 엿보기 ··· 74
참숯, 눈을 읽다 ··· 75
헌책방 그 여자 ··· 76
명지바람 떠돌던 밤 ··· 77
수학여행 ··· 78

3부 천음ㅊㅇ의 고요한 난타

화병의 꽃 ··· 83
원각사지 10층 석탑 ··· 84
탑동 삼층석탑 ··· 86
비즈니스 룸에서 ··· 88
이주노동자 ··· 89
중고차와 초보운전 ··· 90
섣달 그믐밤 보신각에서 ··· 91
제도制度가 닿지 않는 그늘 ····································· 92
새장을 벗어나다 ··· 94

15

갈대밭 일구는 봄 ·· 96
한티역 스낵카 ··· 97
하오의 실루엣 ··· 98
호랑나비 안개 위만 날다 ······································ 99
쇠고기 두어 근 ·· 100
광우병? 글쎄 ··· 102
봄 판타지아 ·· 104

4부 석양, 그리고 발자국

정서진 석양 ·· 107
혼자 스러지는 종소리 ·· 108
석양, 그리고 발자국 ·· 110
영종도의 낙조 ··· 112
늙은 싸움소 ·· 114
유랑견의 불망기 ·· 116
저문 날의 방랑자 ··· 118
어떤 별리別離 ·· 119
환생 ··· 120
갈매기 오페라단 ·· 122
노을 속 유랑자 ·· 124

토종닭, 처절함을 숨기고 ·············· 125
누, 뿔을 세우다 ···················· 126
태양을 품은 거미 ···················· 127
저문 날의 유기견 ···················· 128
뜬장 삽화 ························ 130
야생으로 간 백수의 왕 ················ 132
잉어의 춤사위 ····················· 134
등용문을 넘는 잉어 ·················· 136
어떤 별리別離·1 ···················· 138
황조롱이, 도시의 하늘에서 길을 묻다 ········ 140
날자, 검독수리 ····················· 141

■ 해설: 정형의 윤리와 잔광의 미학 _ 김태균 ··· 143

1부 고목의 가지엔 뭇별이 내려앉고

어떤 서법書法

분홍 꽃물 하늘가에 직필의 저 금강송
바늘잎 붓을 세워 허공 한 끝 먹물 찍고
뉘 몰래
발돋움하여
일필휘지 준비한다.

얼마나 오랜 날을 거듭나길 묵도했나.
서슬 푸른 천둥번개, 기세 좋은 마파람도
검붉게 타는 결기에
주춤거리다 비켜갔지.

천지사방 훨훨 나는 놀빛 눈꽃 피워놓고
꿈틀 한번 용을 쓰면 어떤 서법書法 펼쳐낼까?
귀 여린
적멸의 새가
목을 빼고 바라본다.

공空

1.

늦가을 기러기 떼
장공長空을 날아간다.

선정에 든 호수에다
그 그림을 그린 석양

고요한
수심 속에는
노을 짙어 가는데.

2.

기러기는 제 자취를
남겨둘 마음 없고

호수는 그 그림자
붙잡을 뜻이 없어

구름이
수면을 닦자
노을마저 사라진다.

고향의 당산堂山나무

여린 잎은 바싹 말라 창공으로 날아가고
석양빛 물든 단풍 동부새가 챔질 한다.
줄기에 흐르던 시간
그리 멈춰 섰는가.

나 어릴 때 오르내린 친근함을 간직한 채
인적 뜸한 버덩* 위에 우뚝 선 그 모습은
백수百樹의 우두머리로
해탈한 성자 같다.

수백 년 비손하여 주고받던 소원 모두
박명薄明으로 고이 싸서 정령精靈 따라 보내놓고
풍화를 기다리지만
소슬함이 엄습한다.

소쩍새 달을 물고 전설 한 편 엮나보다
긴 행간 그 침묵이 메아리가 되는 한밤

뭇별이 내려앉았다,
열매인 듯 열렸다.

*높고 평평하며 나무가 없고 풀만 우거진 곳

사기리 탱자나무*

회오리쳐 솟구칠 날 올 겨울도 넘기는가.
작은 들판 끝자락에 우불구불한 탱자나무
반나마 고개를 들고
먼 바다 굽어본다.

목숨 건 극지에서 선 채 수련 사백여 년
마침내 입김 불어 폭설도 녹여버리고
더러는
벌거벗은 줄기
세로무늬 저 근육질.

꼭 한번, 꼭 한번만 몸부림칠 그날까지
지그시 삼킨 위풍 관운장의 현신이다.
서슬이
퍼렇던 북풍도
꽁무니 빼는 비명 소리.

*천연기념물 제79호인 사기리 탱자나무는 수령이 약 400년 됨. 우리 조상들이 외적의 침입에 대비하여 심은 국토방위의 유물로서 역사성을 지녔으며, 탱자나무가 자랄 수 있는 가장 북쪽 한계선에 자리하고 있다. (소재지: 인천 강화군 화도면 사기리)

남산 소나무

1.

팔월 더위 숨통 트고 남산 허리 기대선 솔
맑은 호흡 반복하여
숨결 따라 색칠한다.
희미한
회색 하늘에
또렷하게 개칠한다.

2.

서리 앉아 떨던 시절 밑동 찢긴 그 고통에
선혈마저 자꾸 비쳐 굽은 등 또 휘어져도
곤두선 이파리 속에 감추었던 비명 소리.

침묵하던 보신각이 느껴 울다 지른 호통
가지 위 쟁인 분을 한 겹 두 겹 걷어내고
저절로 어깨춤 추다 짐짓 그림 그렸지.

3.

소나기에 적신 필봉 하늘 가녘 여백에다
삼십육 년 숙였어도 배어나는 기품으로
지그시
붓질을 한다.
구름 저리 벗겨낸다.

창경궁 주목朱木
- 사도세자에 관한 단상

1. 낭패를 보다

한 번만 더 몸통 틀면 용龍이 될 수 있었는데
뒤주 속 앰한 혼령 품어 안고 다독이다
아뿔싸! 벼락이 내려 줄기 고대 갈라졌다

2. 사도세자의 최후

후려치는 비바람이 우레를 몰고 와서
잦아들던 헛웃음도 에둘러 덮었던 건
빛 한 점 못 보고 가는 감읍 할 성은聖恩인가

손톱이 다 빠진 날 힘없이 늘어진다
불여귀 울음 울어 혜경궁은 합장하고
세손의 통곡이 아파 나도 함께 울었다

3. 오늘

적소謫所인 듯 인적 없어 옛 생각에 한숨 쉬자
어깨 가만 두드리고 궁궐 지붕 넘는 석양
거듭 난 가지도 모두 회오리 칠 준비 한다

바보 대추나무*
- 어느 접대부의 노래

눈곱같이 작은 꽃을 서너 송이 피워 놓고
그것도 대견하여 벌 나비 찾아보지만
애타게 기다리다가
맥 빠져 잠이 든다.

짜부라진 열매라도 꼭 품고 싶었지만
천둥번개 두드리고 소나기 휘젓던 날
꿈마저
낙엽이 지듯
속절없이 떨어진다.

서글퍼 눈물 날까 꽃들 필 때 혼자 삭아
누군가 가지 꺾어 상처를 내든 말든
웃음만
짓고 서 있다.
아파도 바보같이.

*바보 대추나무: 열매를 맺지 못하는 대추나무

사과나무 엿보기

1. 봄, 감탄사

물음표로 내민 고개 연분홍 송이마다
명지바람 쓰다듬어 이마 살짝 적셔놓는
이슬 밴 감탄사들이 자란자란 피어난다.

2. 여름, 사과 가장이

열매 많아 찢긴 가지 그 아픔 알고부터
성글게 맺은 씨알 장맛비 맞서나 보고
태풍이 날을 세워도 몸짓 저리 의연하다.

3. 가을, 소슬바람

황금 햇빛 으깨 빚은 탐스러운 붉은 결실
먼 길 온 소슬바람 품에 안고 감싼 자리
그곳에 허공이 잠시 등 기대고 앉아있다.

4. 겨울, 소실점

곧 때 절어 떠나는 잎 소실점 향해가고
팔매질 눈송이들 어깨를 두드릴 때
자, 보라!
옷 벗은 몸통
울근불근 저 근육을.

봉감모전5층석탑 鳳甘模塼五層石塔*

봄눈이 싸락싸락 전신 훑고 지나간 날
돌 속에 묻은 경전 죄 앗기고 까칠한 채
숨어 울 담장도 없어
쓴웃음 짓고 선 탑.

먼 하늘 건듯 보며 무얼 저리 기다릴까.
덜 여문 구름 남아 뉘엿뉘엿 탈 때마다
다 낡은 검붉은 무늬
옷깃 자꾸 여민다.

산길 돌아 누구인가, 누구인가 올 듯한데
산수유꽃 손짓하다 수만 꽃잎 뚝 뚝 진다.
겨우내
오는 이 없이
떠나기만 하는가.

발돋움 내려놓고 체념하듯 눈을 감자
새봄을 품은 석양 어깨 가만 기대오고

바람도 날개를 접어
숨결 곱게 안겨든다.

*경북 영양군 입암면 산해리에 소재.

거실바닥 묵란도 墨蘭圖

1.

집기 치운 거실바닥에
누가 난을 쳐 놓았다.

활처럼 굽었다가
칼날처럼 뻗기도 한

붓끝에
힘을 실어낸
대가다운 솜씨다.

2.

창틀 위에 춘란 몇 촉
외등 불빛 그림자가

분방하게 솟구치다

휘 굽은 반전 굴곡

석파石坡*도

무릎을 "딱" 칠

삼전지묘三轉之妙* 기법이다.

*석파石坡: 흥선 대원군의 호. 흥선 대원군이 그린 난을 '석파란'이라고 함.
*삼전지묘三轉之妙: 난 잎이 자연스럽게 세 번 휘어져 돌아가는 모습을 묘사하는 기법, 석파란의 특징.

천마도 장니 天馬圖 障泥*

저 말 아직 살아있다, 깊은 잠 깨어났다.
장승이 된 천관녀의 붉은 사모 접지 못해
엎어져 피를 뿜었던 백마 아직 살아있다.

흰털 곱게 벗겨내듯 머리맡에 빛 들던 날
자작나무 장니 속에 숨어 지낸 시간 들을
부르르 앙다문 입이 자꾸자꾸 토해낸다.

갈기를 휘날리며 구름 감은 그 발짓도
천년을 하루같이 발싸심 하던 것이
저렇게 진저리 치고 성큼 뛰어 나온다.

꼭 한번 달렸어야 할 황산벌이 보이는가.
노을 타고 날아가다 주춤하고 숨 고르고
기어이 참았던 울음 터뜨리고 있는가.

*천마도 장니: 국보, 천마가 그려져 있으며 5. 6세기경에 제작된 것으로 추정된다. 천마총에서 출토됐다. 장니는 말 탄 사람 옷에 흙이 튀지 않도록 안장 양 끝에 늘어뜨리는 기구를 말한다.

광화문 해치

밤도와 짙은 안개, 해치가 뿜어냈다.
세상 더께 부스러기 남김없이 쓸어 모아
인왕산 능선을 넘는
구름 되어 사라진다.

광화문 무너질 때 고개 들어 맞선 결기
서릿발 눈빛 아래 이끼 한 줄 못 끼도록
잠 못 들
분통을 채워
발싸심 하였었지.

세종로 맑은 물결 색깔 바꿔 흘러간다.
어느 파도 더 빛날까, 비교 할 건 아니라도
느꺼운
금빛 이 아침
숨결 소리 높아간다.

청자오리모양연적*

잎 한 장, 연꽃송이 자맥질로 물고 나와
등 뒤에 감춰놓고 해찰 부리는 청둥오리
놀란 듯
동그란 두 눈
장난 들킨 개구쟁이다.

부서지는 조명등 빛 깃털 사이 맺혀있어
접은 날개 활짝 펴면 비색翡色 구슬 떨어질까
반나마
고개를 들고
몰아쉬는 숨소리.

천년 훌쩍 넘겼어도 저리 날고 싶었던가.
참고 있던 그 울음이 쉰 목 터져 나오겠다.
이제 곧
진저리친 후
서녘하늘 줄 긋겠네.

*오리 모양으로 만든 고려시대 청자연적. 크기는 높이 8㎝, 너비 12.5㎝. (간송미술관) 국보.

천년 주목*, 혹은 풍장

이끼마저 말라간다, 해거름 붙든 주목
팔 부 능선 자리했다 허탈한 듯 탈진한 듯
부딪힌 마파람 소리
골짝 깊이 묻힌다.

채찍 든 겨울 맞서 칼춤 춘 잎 다 떠나고
꺾여 처진 썩은 가지 제 갈 곳 찾고 있다.
또 한 번 솟구친 혈기
그쯤 모두 버렸는가.

뉘 모르게 재우쳤던 세월의 흔적인 양
눈설레도 비켜가는 옹이 자국 안쪽에서
해묵은
울음 한 토막
꺼내 보다 참는 저녁.

저 꼭대기 나무들도 합장하고 허리 숙여
색 바래고 뒤틀린 몸 굽어보는 풍장의 길

지리산

단애 끝에서

천년의 추錘, 또 맞춘다.

*백두대간을 타고 태산준령이 줄줄이 이어지는 명산 꼭대기에는 거의 천년이 된 주목들이 살아있으며, 죽어서도 천년을 견딘다는 속설이 있음.

주목, 그 붉은 뼈대

한바다 휘젓고 온 전함 같은 위용이다.
뿜어내는 불같은 빛
는개 헤쳐 나서는가.
먹구름
어린진魚鱗陣 치고
몰려와도 당당하다.

느닷없이 번개 쳐서 날 선 혀로 겁박하고
바람 삼킨 급물살이 갈기 세워 덮쳐 와도
간살을 떨고 선 것은
허리 굽힌 잡목들 뿐.

이까짓 사태쯤은 곁눈질도 안 하지만
곁가지 분지르고 갑옷마저 찢으려는
늑골을 조인 이 폭풍
그예 그리 참았다가.

어기찬 어깻짓에 서슬 퍼런 우듬지 잎
단 일격에 장막 갈라 쏟아지는 햇빛 줄기
뚝·뚝·뚝
땀은 흘려도
붉은 뼈대 곧추선다.

비천상 飛天像*

무릎 꿇은 그 연화좌, 승천할 날 언제인가?
손 모아 받쳐 든 향로, 연기 아직 피어난다.
천년의
치성 기도가
어찌 저리 간절할까.

잠 깨는 신종神鐘소리 안 들려도 다 보이고
무심코 가던 바람 짐짓 놀라 합장하는,
삼키고
삼킨 숨결에
나부낀다, 천의天衣자락.

언 하늘 녹여 내릴 봄기운 들레는 밤
월성 기슭 슬몃 돌아 흘러오는 달빛 타고
이제는
떠날 듯하다,
민들레 씨앗처럼.

*성덕대왕신종의 표면 그림.

노송 老松

왕소나무 큰 이름의
경외감은 사라지고

바람이 손만 대도
몸을 떨어 잎 다 진다.

그믐달
가지에 앉아
무얼 저리 생각할까.

세월 더께 두꺼워서
신神을 앉혀 섬겼는데

소슬히 풍화하는
그 그림만 남겨놓나

십장생
으뜸의 풍모
아쉬운 저녁나절.

광우병? 글쎄

1.
어깨 겯고 목 터져도
촛불 끝내 힘없었다.

너나없는 '신토불이'
세종로를 채웠지만

광우병 두꺼운 담장
그리 쉽게 무너지나.

2.
빠듯한 생활비 축내
한우 몇 번 굽는다고

군중심리 화염 싸여
앞장서서 외쳤던가.

그나마
서민 밥상엔
수입 연기 피다 말고.

명퇴한 날

눈총이 따가워서 못 견디고 명퇴한 날
기대 볼 벽도 없어 청량리로 갔습니다.
두어 병 소주를 사면 정동진까지 가지요.

수사修辭로 치장을 한 차창 밖 눈송이와
깊은 골짝 잡목들이 흰 꽃 피워 유혹하면
다 잊고 빠져듭니다, 이상세계 찾은 듯이.

어둠살 내려앉은 종착역 선술집엔
바다에 잔을 띄운 동동주가 제격이죠.
꽉 막혀 숨찬 가슴을 너울이 뚫습니다.

취했다가 깨었다가 눈동자에 핏발 설 때
수평선 위 구름 태운 장밋빛 돋을볕이
갈기로 뺨을 쓸면서 눈물 훔쳐 줍니다.

2부 사랑! 아름다운 아픔, 그 다음은

설움이 북받치는 밤

종일 그대 기다리다 몸으로 우는 밤은
달빛도 구름 가려 깊은 시름 삼키는데
남몰래
타는 가슴을
어떻게 더 사르리.

매정한 님 기다리다 사무치는 그리움에
짙어지는 지난날들 울면서 휘저어도
설움이,
설움이 자꾸
북받치는 이 한밤.

애증의 정기인가 잠 안 자는 달
그리고 별
가만히 하나 따다 밤새워 품으리라
차디찬
볼에다 대어
뜨거운 눈물 적시리라.

그리움

발소리 사뿐사뿐
누군가 오는 소리

스스로 닫은 창을
가만히 열어본다.

안개 낀
골목 끝에서
손짓하는 이 누굴까.

희미하게 생각나는
처처의 추억들이

온몸에 스며들어
꿈인 듯이 아련한데

그 누구
발걸음 소리
멀어지는 저 소리.

비련 悲戀

그녀에게 버림받고 강변을 걷습니다.
살갗 찢는 채찍 바람 사정없이 몰아쳐서
피눈물, 가득히 고여
앞을 보기 힘듭니다.

울지 말자 울지 말자, 다짐하지 않아도
홀연히 감춘 눈물 다 삼킨 줄 알았는데
갈대가 몸부림칠 때
울컥 울음 났습니다.

사내장부 울음이야 소리가 있을까만
까짓 이별 생각하다 서러움이 되우 걸려
내 생의
단애 斷崖 끝에서
엉엉 울고 말았습니다.

미움이 그리울 때

내 가슴 한복판에 장미꽃이 피었었어.
무성하게 자라다가 가시가 상처 냈지
더 이상
견딜 수 없어
뿌리째 뽑아냈어.

그 순간 푸른 하늘, 환각제를 뿌린 듯이
세상에 홀린 마음 무지개 타고 놀다
한 시절
훌쩍 지나서
무심코 생각났지.

상처 다 아물어서 굳은 피 닦아내고
아픔도 사라져서 잊은 줄 알았는데
하지만
아니었나 봐.
그리움에 젖었어.

나목裸木의 옷

원치 않는 흰 드레스
겨울 공주 되었지만

눈 녹으면 기나긴 날
나체로 서 있어도

햇빛이 가봉을 하는
새 옷 그리 기다린다

갈대의 모정 母情

갈대는 죽어서도 피붙이를 키웁니다.
된서리 내린 저녁 목쉬도록 울다 가지만
거듭날
생명 두고는
쓰러지지 않습니다.

매몰찬 눈보라가, 써늘한 칼바람이
독 오른 채찍처럼 사정없이 후려쳐도
손 모아
비빌지언정
꺾일 수는 없습니다.

새봄의 따뜻함도 못 느낄 터이지만
마침내 눈뜬 새순
바르게 자라도록
껍질만 남은 채로도
서서 견딜 겁니다.

어느 한센병 환자들의 성자聖者

눈 여겨야 볼 수 있는 곡두 아직 있습니다.
새빨갛게 피던 꽃도 고름으로 짓물러서
한 생애 뒤란에 숨어 세상 그려 웁니다.

푸른 눈의 목자牧者 그도 의례복을 벗어놓고
벽돌같이 굳은 편견 깨부수어 버립니다.
또 무슨 연분이 있어 험한 이곳 왔을까요.

아프게도 찔러오던 눈길의 창날 끝에
웅크린 채 떨고 떨던 긴 시간 기억 너머
서릿발 녹을 때까지 보듬고 있는 사람.

황톳길 소실점 찾다 감각 없이 떨어졌던
한하운*의 그 발가락, 그 발가락 품었던 이
만해萬海의 「사랑」과 한번 견줄 만하겠지요.

*한센병에 걸려 소록도로 가면서 「전라도 길」을 쓴 시인.

대못

1.

성공 가도街道 열차에서 여린 손 흔들었어.
앙가슴에 대못 박혀
눈물 훔친 어머니와
한평생
이별이 될 줄
플랫폼은 알았을까.

2.

어둠을 밝히는 건
촛불 든 환영幻影인가.
내 손 잡던 고운 손이 뼈마디로 등을 쓸어
그 품속
아련한 체취
뜨겁다, 눈시울이.

3.

몇십 년 기억들이 강물같이 흐르는 밤

잠 못 이뤄 돌아눕자
복장 자꾸 뻐근해서
만져본
내 명치에도
대못 하나 박혀있어.

기다림

빗줄기 요란하게 지나간 뜰 다 적셨다

목련 꽃잎 하나·둘·셋,
적막 겨워 떨어질 때

사뿐한
발소리 같다
그 누가 올 것 같은 밤

영지影池에서 무영탑을 찾다

기어이 아사녀는 쪽배 타고 들어섰다.
노 젓다 멈추었다, 당초문 미로 앞에
적막이 흐르는 소리 이명耳鳴이 길잡이다.

땅거미 눈뜨기 전에 검은 옷 입기 전에
쏟아낸 붉은 물감 스러지는 불덩어리
저 석양 문양 뒤쪽엔 소원인 것 있을까.

외로 굽은 수로 돌자 노을 비낀 푸른 평원
날던 학이 내려앉아 가만히 묵상하는
이유는 알 듯도 한데 갈증은 자꾸 난다.

흘린 눈물 파문 아래 새하얀 연꽃 송이
합장하고 떠올라서 향기 뿜는 그곳에는
우뚝 선
탑 하나 있다.
아사달이 손짓한다.

혼자 스러지는 종소리

단풍 몇 잎 날아가고 파도 소리 멀어진다.
서서히 잠겨가는 낙조의 수평선 위
장밋빛
물든 하늘이
옛일을 그리는가.

덜 여문 구름 한 장 불콰하게 타다 걸린
첨탑에서 흘러나온 때를 잊은 종소리는
저 혼자
굴러왔다가
스러지고 있었다.

백사장 사뿐사뿐 발자국을 찍어놓는
누구인가 올 듯한 날, 빈 배만 왔다 간다.
이제는
오는 이 없어
이별도 없는 건가.

어느새 바다 빛은 보라로 짙어가고
잊은 이름 그 추억은 썰물 되어 떠나는데
갈바람
날개를 접어
숨결 곱게 안겨든다.

이혼한 친구를 위하여

봄꽃이 또 피었어도
지붕 밑은 보지 말자

네가 떠난 그 자리엔
인습의 온기 있다

고압선 유혹을 피해
하늘 높이 혼자 날 것

우울증 탈출

번개의 퍼런 서슬 정수리를 스쳐 간다
비바람은 낡은 피부 찢듯이 쓸어가고
신이여!
두 손을 모아
간절하게 불렀다

따스한 그의 손에 먹구름 다 걷혀도
숨어있던 골방 속에
쓴웃음 던져놓고
이 세상
제일 어두운
심연을 또 찾는다

태양이 막아선다 빛을 찔러 수혈한다
나 스스로 둘러놓은 악취 심한 시궁창을
머릿속
괭이 한 마리
훌쩍 뛰어 건너간다

단풍놀이, 가슴으로 추는 막춤

무아지경 춤사위인가, 신내림의 율동인가.
숨겼던 신명 풀고 푸른 하늘 날아보자
오늘은 누가 뭐래도
'이사도라 덩컨'이다.

백조 같은 우아함은 전문가나 펼치는 것
낙엽 한 장 날아가는 흉내만 낸 거친 몸짓
등 뒤에 눈살 꽂혀도
응어리는 풀어야지.

꽉 죄어 온 고를 풀고 딴 세상 문 활짝 열어
막걸리 몇 잔으로 달뜬 가을 다 사른다.
삼십 년 시장 인생에
오늘 가장 젊은 날.

붉은빛 물든 몸을 땅거미가 핥고 간다.
힘 빠진 여린 날개 남은 흥은 갈무리해
텅 빈 그 젖가슴 속에
다시 고이 채운다.

조각보, 꽃 피우다

가위 소리, 소리 너머 잘려 나간 자투리를
멋대로 얽히고설켜 반 도막 난 무지개를
염하듯, 어루만지듯 쌓인 먼지 털어 낸다.

재질 밑다 상처 입은 회생 못 할 자존심도
색깔 밑다 외면당한 소름 끼친 부끄럼도
지워진 이름표 위에 사슬 묶어 던진다.

삼색 무명, 오색 비단 깃발 되어 서든 말든
허울 모두 벗은 조각 어깨 서로 굳게 겯고
결 고운 엄마 손길에 융화되는 모자이크.

별도 몇 개 내려받은 해토머리 화원인가.
부활 앞둔 낙오자들 둘러앉은 봄날 저녁
환히 핀 꽃들을 덮은 밥상보를 젖힌다.

총알과 험담

  1.

누구나 입속에다 총 한 자루 넣고 산다.
써늘히 앙가슴을 찢어놓는 탄환 한 발
아무리 재고 빨라도
피할 수 있겠는가.

하늘 향한 험담 몇 번, 해 가리는 구름 되어
석양 불러 다 태우고 바람에 재 날렸다
그렇게 높은 곳에는
흔적 없이 흩어질까.

  2.

몇 차렌가 꽃잎 지고, 육탈肉脫한 뒤 알게 됐다.

총알은
소나무에
옹이 되어 박혀있고

험담은
장미에 숨어
숱한 가시 내민 것을.

어떤 불사조
- 산불 현장에서

 1.

태우고 또 태워서
산등성이 몇 개 넘어

혓바닥 길게 빼고
하늘마저 핥던 불새

한 며칠
푸닥거리에
쑥대밭이 따로 없다.

 2.

비목碑木이 된 숯덩이 밑
불씨 하나 검붉은 핵核

아무리 광기 어려도
저 눈보다 섬뜩할까

그것은
불사조였다.
죽었다가 살아나는.

헌책방 엿보기

봄날 그 끝자락에 날개 접는 나비처럼
시든 꽃잎 날아들어 서고書庫 돌아 안착한다.
온 서적 회상에 잠겨 은밀하게 들뜬 날.

묵혀둔 책 한 권을 가만히 펼쳐 들자
갈피에 자던 사적史蹟 깜짝 놀라 눈을 뜨고
기꺼이 외우는 주문
한나절 놀 듯하다.

책장을 넘길 때마다 다갈색 활자들이
목이 쉰 귀엣말로 쉴 새 없이 속닥여서
한 짬이 일생만 같다,
발 못 떼는 헌책방.

햇빛 받고 자란 나무 열매 맺고 버린 꽃들
예전부터 그림자가 모두 주워 재워뒀다.
더러는
곰삭은 문장
고문서로 재생하지.

참숯, 눈을 읽다

1.
잎에 묻은 새소리도 서릿바람 훑어가고
산정을 내려서는 허탈한 몸, 탈진한 몸
한 토막
목쉰 울음을
홀로 꺼내 곱씹는다.

집 한 채 기둥 못 된 가마 속 날 선 눈빛
뜨겁게 뿜은 입김 몇 날 며칠 솟구치다
돈오(頓悟)의 절벽 아래로
허물 모두 떨어진다.

2.
수 천근 사슬 벗은 청교도가 되었겠지
저녁하늘 모퉁이쯤 붉게, 붉게 태웠겠지

까맣게
표정 없는 얼굴
햇귀 슬쩍 물어낸다.

헌책방 그 여자
- 인천 배다리 고서적 전시관에서

버려진 세상사를 쓰다듬는 주름진 손
가녀린 혈관 속엔 시가 알을 스는 걸까?
단풍 든
말들은 모두
피톨 되어 흐른다.

날아든 활엽수 잎 입동 앞에 면벽하고
먼지 엷게 앉은 책과
연륜 깊은 치마저고리
연민이
그리 쌓인 건지
교감交感하는 중이다.

석양이 옷을 태워 황금빛 물들일 때
낙엽 위에 올라서서 고서古書를 든 그 여자는
「황혼의 비너스 탄생」*
들국화로 피어난다.

*이탈리아 르네상스 시대 화가 보티첼리가 그린 「비너스의 탄생」 참조.

명지바람 떠돌던 밤

뒤란에 대나무 잎 엇장단 치고 논다.
대금을 연주하고, 휘파람도 왔다 가고
가슴에
잠자고 있는
유년 시절 눈을 뜬다.

명지바람 손을 잡고 돌아가는 실루엣이
창호지 문 두드리는 강강술래 춤을 춘다.
천수千手의
아우성 따라
무서움도 휘휘 돈다.

그 가락, 그 그림자 파고들던 할머니 품
울컥 울음 아니라도 뭉클하는 이 한순간
봄날 밤
무르녹는다.
옷깃 슬몃 여민다.

수학여행

1.

수십 년 전 그 학생들
잠 안 자고 떠든 말들

한낮까지 이어져서
토함산에 뿌렸는데

지금은
숙성이 되어
저리 숲을 이뤘네.

2.

오늘 또
긴 행렬이
석굴암을 향해간다.

남자에게 더 많다는

푸른 수다 막 뿌린다.

그 애들
아들들일까
눈 붓도록 잠 안 자던.

3부 천음天音의 고요한 난타

화병의 꽃

병실 안을 슬몃슬몃 엿보는 봄이 있다.
잘 자라던 꽃봉오리 난데없이 꺾였지만
피었다
쉬 이울지라도
체념은 하지 말자.

화단을 불 밝힌 꽃들, 저마다 신명 풀고
스스로 도취되어 벌 나비와 수작하지만
이렇게 애틋한 정을
느껴 볼 수 있을까.

오래도록 의식 잃은 침대 위의 회색빛 눈
꽃향기 스며들 때 툭툭 털고 일어나라
꺾인 꽃
이 몸도 핀다.
화병 가득 미소 띠고.

원각사지 10층 석탑*

  1.

한때는 국보 2호, 이름표만 찬란했다.
숭례문은 불났을 때 온 국민 가슴 조여도
아, 나는
득도한 석탑
상륜부 찾든 말든.

합장이나 치성 따윈 눈감은 지 이미 오래
화려한 표면장식 감탄사가 넘치지만
유리에 갇혀있어도
의연할까, 내 모습.

  2.

예전에 식민지 시절, 종로통을 채워가던
오만 설움 밀려들어 날 붙들고 목 놓을 때
피 끓는 젊음 모두를
품에 안고 다독였지.

그때 그 3·1운동 결기 모아 갈무리한
빌딩 사이 석양 물든
늠연한 금강 탑신.

그래도
그래도 나는
관심 밖의 은메달.

*국보 제2호로 지정되었다가, 2021년 2월부로 "국보에 지정 번호를 붙이지 않는다"라고 문화재청이 발표하여 지금은 그냥 '국보'로 지정되었다.

탑동 삼층석탑*

1.

상강霜降 무렵 난데없이 빗줄기가 요란하다.
이끼마저 훑어내려 까칠한 알몸으로
숨어 볼 뒤란도 없어 쓴웃음 짓고 선 탑.

묵묵히 눈을 감다 갠 하늘 건듯 보고
덜 여문 구름 조각 뉘엿뉘엿 타고 있어
갈색빛 그림자 끝을 옷깃처럼 여민다.

2.

숨은 역사 찾은 그 날 푸서리길 밀어놓고
바랑 진 억새 모두 탁발수행 떠났는가.
천년을 함께 한 독경,
오늘도 홀로 왼다.

3.

소슬바람 허공 돌다 숨결로만 스쳐 가고
절간을 찾지 못한 지친 석양 기대온다.

굽이진 산길 끝에서
돌아보는 저 가을.

*청룡사지 삼층석탑 전라북도 유형문화재.

비즈니스 룸에서

룸살롱 들어서면 오염된 바다였다.
줄줄이 원자탄 터져 뒤집혀진 해저에는
혼탁한 물결이 일어 비굴해도 괜찮다.

아름다운 호스티스 갸름한 팔 문어 같아
곁에 앉은 아귀 몸을 착착 감아 녹이라고
앙가슴 골짜기에다 배춧잎을 꽂았다.

오장육부 뒤틀려져 울컥울컥 토하도록
촉수를 곤두세운 저 탐욕 역겨워도
허리를 굽혀 가면서 노래하면 가라앉는다.

낙진 섞인 폭탄주만 거푸거푸 들이키는
아! 나는 바보인가, 바보가 되었는가.
음흉한
아귀 아가리
구세주로 보인다.

이주노동자

선반에 잘린 손가락 토룡처럼 팔딱였다.
몇 개나 더 베어가야 몸부림칠 수 있을까
아무리
애를 써 봐도
가위눌린 꿈이다.

일찌감치 수렁으로 탈출한 내 아우는
번뜩이는 눈빛으로 골목길 헤집으며
버러지 같이 살아도
배춧잎만 먹는다.

몽당손 되기 전에 품은 의지 배반할까
신의 품에 숨어들면 매스컴도 못 보는데
어차피
코리아 드림
진땀 빼고 깨어난 것.

중고차와 초보운전

노련한 기수에게 닳고 닳은 노회한 말
언덕길 오르다가 숨이 꼴깍 넘어간다.
새 주인
거친 손놀림
길들이기 시작하나.

덜컥 놀라 엉켜버린 난경을 풀 실마리는
진땀 되어 삐져나와 눈동자를 할퀴는데
머릿속
텅 비어간다.
온 세상이 하얗다.

복장을 두드리는 휘모리장단 큰 북소리
두려운 이 짐승과 손 맞출 순 없는 걸까
캄캄한
망망대해에서
경적 울음 귀 찢는다.

섣달 그믐밤 보신각에서

종로를 들었다 놓고 가쁜 숨 삼킨 날은
날아오는 돌팔매에 잠 못 들고 눈을 감지
그런 날
그런 날 밤은
누구 안부 물어볼까

서로 다른 길을 가다 소실점에 마주 섰다.
앵돌아져 부딪혀도
오늘 하루 손잡는가.
꽉 막혀
터지는 복장
두드린다, 서른세 번.

솟구치던 분화구에 타는 용암 덩어리들
묵은 시름 함께 싸서
둘러메는 범종 소리
시퍼런
맥놀이 탄다.
북악산을 넘어간다.

제도制度가 닿지 않는 그늘
- 다문화 가정 어머니

장사진 치고 가다 황금 놀 물이 든 몸
신기루에 눈이 멀어 행간 떠난 기러기는
호흡을 고르고 있나
한숨 자꾸 몰아쉰다.

까막까치 눈살 파편 늑골 사이 파고들고
내 짝이 된 텃새 손에 잡혀있는 올가미 줄
채찍질 사정도 없어
부리 자꾸 헐어간다.

갈대가 휘어진 곳 눈물로 그린 고국
그리움 참고 참다 한 점 바람 사운 댈 때
퍼렇게 멍이 든 속을
자맥질로 씻어본다.

올해 봄도 서녘 하늘 눈먼 철새 하강한다.
그곳 채워 날아갈까, 햇살 손길 기다릴까

피붙이
날개를 펼 때
그땐 어깨 곁겠지.

새장을 벗어나다
- 이혼한 어느 베트남 여인

다시 봄이 올 리 없는 이 둥지여 잘 있어라.
솜털 아직 벗지 못한 비루먹은 깃털 펼쳐
새장 밖
햇살과 바람
손길마저 비웃고 간다.

주신酒神 내린 푸닥거리
북처럼 웅크린 밤

한숨 겨운 날갯짓에
붙잡을 손 너무 멀다.

기대 볼
등 하나 있다면
나 여기서 눈감으리.

내 발등 내가 찍어
피 헝겊을 사리물고

가위눌린 긴 꿈 깬다,
하늘 한 번 우러른다.

어머니
눈에서 흐르는
십자성을 건 듯 본다.

갈대밭 일구는 봄
- 어느 다문화 가정

눈에는 뵈지 않는 가시 울 아직 남아
날자날자 여린 날개 못 펼치는 답답함에
혼자서
자맥질하다
노을 덮고 쓰러진 새.

혈색 다시 돌아올까 밤새워 품었지만
마른 가슴 깊은 상처 엄마 눈물 떨어져서
닦아도
고이 닦아도
아픔 자꾸 번진다.

칼바람만 왔다 가는 몸서리 칠 갈대밭에
느닷없이 오늘 아침 햇빛 몇 줄 파고든다.
결 고운
초록 돗바늘
이젠 벽을 허무는가.

한티역 스낵카

새벽바람 타고 노는 함박눈 저 춤사위
나풀나풀 나비처럼 스낵카를 감싸 돈다.
다 낡은 작업화 하나
가위눌려 걸어오고.

가파른 계단 올라 은빛 덮인 황야 건너
꺼질 듯 깜박여도 불빛 찾는 일용직의
발자국
그 자국마다
매화 송이 피어난다.

앞자락 여미다가 울컥 치민 울음인가,
쓰라린 속 다독이는 뜨거운 가락국수
봄 지평地平 여는 길이다.
동살 잡힌 뽀얀 저길.

하오의 실루엣
- 노숙자

무리 지어 공원길로 굴러가는 낙엽은 끝내
붉고 노란 나비 떼로 나풀나풀 날아갑니다.
하늘 끝
신기루 되어
손을 저리 흔들지만.

고개 꺾인 가족 모두 그곳으로 따라가려
찢긴 날개 꿰매 달고 구름 속으로 날아가고
나 홀로
두더지처럼
지하도를 찾습니다.

살갗 찢는 세찬 한파 통증 하나 없는 이 몸
박제되어 살아가다 따뜻함을 느낍니다.
빛바랜
신문지 깔고
햇볕 발라 말리는 날.

호랑나비 안개 위만 날다

짓밟히고 뽑혀 나간 잡초 속 애벌레는
꼭짓점 찾아가다 능선 위에 멈춰 서서
음지를 뒤돌아보고
그곳 나날 곱씹는다.

복장 칠 일 남김없이 살갗에 새겨놓고
한밤 지나 돋을볕에 등껍질 갈라져서
빛줄기
긴 손 빌어다
묵은 허물 벗겨낸다.

한 폭의 산수화인가 계곡 안개 발판 삼아
날아오른 호랑나비 자맥질 몇 번 하다
양지쪽
우듬지에 핀
꽃을 찾아 훨훨 난다.

쇠고기 두어 근

저녁나절 인력시장 일을 마친 잡역꾼들
개골* 내고 몰려가는 장국밥집 구석에서
생육은
못 본 지 오래
막걸리 몇 잔 축낸다.

한우갈비 따위들은 상류층의 특권인걸
입안에서 사르르 녹는 황홀감 모를까만
아는 맛
더욱 무서워
생이 마냥 서름하다.

눈 한 번 질끈 감고 수입 쇠고기 두어 근 산다.
채소만 오르던 밥상
환호성에 속 쓰리고.

가녀린
연기가 맵다,

아내와 자식 앞에.

*까닭 없이 내는 성을 속되게 이르는 말.

광우병? 글쎄

1.
어깨 겯고 목 터져도
촛불 끝내 힘없었다.

너나없는 '신토불이'
세종로를 채웠지만

광우병 두꺼운 담장
그리 쉽게 무너지나.

2.
빠듯한 생활비 축내
한우 몇 번 굽는다고

군중심리 화염 싸여
앞장서서 외쳤던가.

그나마

서민 밥상엔
수입 연기 피다 말고.

봄 판타지아
– 어느 환경미화원에게

  1. 개화

정악正樂이다, 비질 속에 도드리장단* 숨어있다.
박자 맞춘 새소리들 음표 되어 뛰어놀다
가지에 걸터앉아서 바람 물고, 어깨 겯고.

왕벚나무 옹송그려 돌을볕 감았다가
미소 진 눈 살짝 흘겨 송이송이 펼친 한삼
경쾌한 미화원 몸짓 화관무 춤사위다.

  2. 낙화

반눈 뜨고 하품하는 도시 그 늘어진 날
한 점 바람 지나가자 햇살 타고 내린 꽃잎
뉘라 저 명상에 든 것을 함부로 쓸어갈까.

석양이 동경銅鏡에 빠져 불콰하게 되비친 길
제겨디딘 곳곳마다 분홍 날개 나비 날아
천음天音의 고요한 난타, 봄과 함께 걷는다.

* 정악에서 많이 쓰는 장단, 화관무의 반주음악으로도 쓰임.

4부 석양, 그리고 발자국

정서진 석양

비장함이 서려 있다. 타는 석양 핏빛 노을
하얀 포말 달려왔다 소리 한 번 못 지르고
써늘한
이 긴장감에
꽁무니를 빼고 있다.

문명에 찌든 구름 태양의 길 훼방하다
기어이 세를 불려 서녘 하늘 덮었는가.
예리한
섬광 한줄기
한복판을 가른다.

천지가 환하도록 쏟아지는 맑은 선혈
선정에 든 섬도 모두 합장하고 앉았다가
비로소
저를 염하듯
땅거미를 덮는다.

혼자 스러지는 종소리

단풍 몇 잎 날아가고 파도 소리 멀어진다.
서서히 잠겨가는 낙조의 수평선 위
장밋빛
물든 하늘이
옛일을 그리는가.

덜 여문 구름 한 장 불콰하게 타다 걸린
첨탑에서 흘러나온 때를 잊은 종소리는
저 혼자
굴러왔다가
스러지고 있었다.

백사장 사뿐사뿐 발자국을 찍어놓는
누구인가 올 듯한 날, 빈 배만 왔다 간다.
이제는
오는 이 없어
이별도 없는 건가.

어느새 바다 빛은 보라로 짙어가고
잊은 이름 그 추억은 썰물 되어 떠나는데
갈바람
날개를 접어
숨결 곱게 안겨든다.

석양, 그리고 발자국

아픈 상처 남김없이 지우려고 왔습니다.
수평선에 걸린 석양 지난 세월 아는 듯이
희미한
그림자 하나
바위에 새깁니다.

갓 핀 황혼 내 어깨에 켜켜이 쌓여있는
무거워도 못 내리고
감당하기 힘든 만상萬象
그 위에
덮이는 노을
흰머리도 벅찹니다.

내 짐 벗겨 가시더니
지는 해에 다 태우고
백사장의 발자국을
되밟고 가십니까.

"아버지!"
불러보다가
눈시울만 적십니다.

영종도의 낙조

수면 가른 황금빛 길 소실점 수평선에
붉고 둥근 꽃 한 송이 아상我相*을 불태우고
떠나갈
채비를 한다,
허무 한 줌 두고 간다.

동해에서 솟아올라 활짝 피던 순간부터
발아래 세상 보고 우쭐우쭐 날아서 온
그 시간 찰나였지만
후회는 참 길었다.

너울이 일기 전에 어둠이 오기 전에
노을에 타 숯이 되는 등신불 되자 해도
아뿔싸
꽃잎이 벌써
숨 가쁘게 스러지나.

한 점 구름 합장하고 바위섬 묵상한다.

재가 된 허물 모두 해무인 듯 짙어가고
그을린 와인색 하늘도
애잔하다,
영종도에선.

*자기의 처지를 자랑하여 다른 사람을 무시하거나 업신여기
 는 마음.

늙은 싸움소

뾰족하고 단단한 뿔 살기 품은 창날 같다.
표정 없이 뚜벅뚜벅 당당하게 나서지만
찢겼다 아문 상처엔
은퇴의 길 숨겼다.

퉁방울이 눈어림으로 깜냥깜냥 재어 볼 때
쏟아지는 환호성은 주름진 몸 비켜가고
뚝, 뚝, 뚝, 선지 방울에
숨긴 나이 드러난다.

무는 거품 치욕인데 호흡마저 거칠어져
뒤로 밀린 걸음걸음 연민 뚝뚝 묻어난다.
기어이
울부짖는 소리
아픔뿐이겠는가.

하늘은 돌아앉아 먼 곳만 바라본다.
바닥난 뱃심으로 갈 곳은 어디일까

드넓은
저 들녘에는
트랙터가 가고 있다.

유랑견의 불망기

　1.

초혼이다, 주검 자꾸 핥고 울다 목이 메는
찢어지고 부러진 몸 그예 그리 떠났는가.
가다가 뒤돌아보고 저승 문턱 넘는가.

　2.

정 없는 집 잔디밭에 장식품이 되었다가
늙은 몸 비루먹어 꼬리 쳐도 외면당해
달리는 차 문을 열고 내던져도 따라갔던가.

절룩절룩 돌아서는 찬바람 모진 벌판
혈기 모두 식어가고 눈물마저 얼어붙는
이 세상 모퉁이에서 혼자 울다 갔는가.

　3.

둘러앉은 네댓 마리, 들개라고 불리지만
하늘 자꾸 찢고 찢는 저들만의 아픈 불망기,
함박눈

기척도 없이
수의 한 벌 짓는다.

저문 날의 방랑자

꽃샘추위 바람 불어 할퀴듯이 지나간다.
옛집 몇 번 돌다가 와 혀를 빼문 저 유기견
노을빛 머무는 언덕
버티고 선 석상石像이다.

내달리는 이삿짐 차, 피 토할 듯 짖고 따르다
빈 길 한참 바라보고 쓴웃음 짓는 모습
다갈색 눈물 자국이
점점 검게 변해간다.

골목 돌아 누구인가, 누군가 올 듯한 날
하루가 다 가도록 중장비만 지나간다.
저무는 방랑의 길엔
삭풍 아직 숨을 쉬고.

어떤 별리別離
-반려견의 죽음

새하얗던 목덜미가 빛이 많이 바랬구나.
수평선에 잠시 멈춘 석양을 바라보는
네 모습 기운이 빠져 생을 포기 하는 걸까.

먼 길을 걸어와서 염殮할 준비 다 해놓고
일몰이 잠시 멎어 사방이 혼미할 때
무연히 고개 숙이고 어둠 자꾸 찾는가.

파도의 이별 음이 온몸 덮쳐 엄습한다.
마지막 이슬 맺힌 눈동자 감겨 와도
한 생을 접어야 할 곳
내 품에서 접어야지.

가슴을 찢고 있는 멀어지는 여린 숨결
장밋빛 놀 속에다 이승의 때 모두 벗고
가거라!
뒤돌아보지 말고
저승 아닌 정토淨土로.

환생

15년간 품고 자던
강아지를 보내던 날

늘 놀던 잔디밭에
뼛가루를 뿌렸지만

아직도
거기 있는지
멀어지지 않는 울음.

어느 날 그 자리에
피어난 민들레꽃

하얀 나비 한 마리가
날개 고이 접고 있어

이슬 밴

눈을 보았다,
마주 보고 있었다.

갈매기 오페라단
- 태안 궁시도에서

오페라 준비 한창이다 하늘 가녘 갈매기 떼
필생을 벼린 공연인가, 뜀을 뛰다 점을 찍다
갸우뚱 머리를 숙여
악보 자꾸 훑어본다.

우렁찬 파도 소리 번쩍 눈 뜰 땡파른가
공처럼 튕겨져서 합창하는 힘찬 군무群舞
햇살을 늘여서 그린
오선지에 음표 된다.

하늬 따라 훨훨 날아
넘실대는 수평선 위
엇박자 리듬 타고 음보 자꾸 넘겨가다
피날레
날갯짓으로
왈츠를 추고 온다.

까치놀 번진 수면 황금 가루 풀었을 때

던져진 투망처럼 섬을 덮어 내려앉는
난무亂舞도
불협화음도
때론 저리 경이롭다.

노을 속 유랑자

꽃샘추위 바람 불어
비루먹은 몸 할퀸다

재개발지 헤매다 와
혀를 빼문 저 유기견

놀 등진
언덕 위에서
목쉰 울음 끊임없다

토종닭, 처절함을 숨기고

파닥파닥 파닥여도 날지 못할 날갯죽지
이제 막 다 큰 벼슬 불꽃처럼 세워 놓고
목청껏 울어보지만 관심 밖의 곡소리다.

북망산 바라보는 백숙 식당 뒤뜰 한쪽
수용소 창살 속에 어두운 곳 찾아 앉아
두 눈에 핏발 세운다. 오늘은 또 누구일까.

못 피할 참형의 날, 화탕지옥 가는 길목
단두대 사정없어 목이 써늘, 써늘해도

오붓한
가족 외식에
처절함을 숨긴다.

누, 뿔을 세우다

1.

움츠려 돌 된 무리 긴장을 턱 풀어야 해
수면 아래 숨어있는 휘몰아칠 폭풍의 핵
목숨 건
길이라 해도
나서야 해, 나서야 해.

온몸을 감는 물살 맴돌이로 벗어나고
까짓 악어 머리쯤은 징검돌인 양 건너뛰어
저 평원
이는 구름을
걷어 낼 듯 달려야 해.

2.

안온安穩의 그림인가, 가던 바람 멈춰 섰다.
지평선 태우다 말고 석양도 숨죽인다.
마침내
뿔을 세우는
놀 빛 젖은 누 한 마리.

태양을 품은 거미

새벽녘 소나기에 그물의 집 무너진 날
자아내는 실꾸리가 저렇게도 길었는지
온종일 궁전을 짓고 한복판에 선 거미.

먼 하늘 건듯 보며 무얼 그리 헤아리나
덜 여문 구름 조각 가장자리 탈 때마다
묵묵히 애만 태우다 한 점 까만 숯이 된다.

오방색 부신 햇살 반짝이다 붉어진다.
허공 돌아 지금 즈음, 지금쯤엔 올 듯한데
마디 숨 다시 부풀려 울음 꿀꺽 삼킨다.

발돋움 내려놓고 면벽하듯 눈을 감자
바람이 날개 접어 여윈 등을 두드리고
먼 길에
지친 석양이
제집인 양 찾아든다.

저문 날의 유기견

꽃샘추위 바람 불어 할퀴듯이 지나간다.
옛집 몇 번 돌다가 와
혀를 빼문 저 유기견
노을빛
머무는 언덕
버티고 선 석상石像이다.

내달리는 이삿짐 차
피 토할 듯 짖고 따르다

빈 길 한참 바라보고
쓴웃음 짓는 모습

다갈색
눈물 자국이
점점 검게 변해간다.

골목 돌아 누구인가, 누군가 올 듯한 날

하루가 다 가도록 중장비만 지나간다.
저무는
들개의 길엔
삭풍 아직 숨을 쉬고.

뜬장* 삽화

거친 숨결 새어나는 뜬장 개집 그립니다.
목숨 거둘 어미 개들 미리 염습하는 음지
언제쯤 햇살이 들어
밝은 세상 그릴까요.

비루먹고 발 갈라져 두 번 보기 역겨운데
배설물, 선지 썩어 시궁창 된 도살장엔
식칼에 낫과 도끼가
퍼런 살기 뿜습니다.

저승길로 이끌고 갈 올가미 그린 순간
핏물 밴 벽 구석에서 웅크려 떠는 황구
주인은 이성을 잃고
인간이길 접은 걸까?

측은지심 울음 울고 붓에 눈물 적시지만
하늘 찢는 단말마 비명 시허옇게 뒤집히는
눈동자, 눈동자는 차마
그리지를 못했습니다.

*바닥까지 철조망으로 엮어 배설물이 그 사이로 떨어지도록 만든 개의 장. 바닥이 땅으로부터 떠 있다는 데서 나온 말인데, 이것이 개의 발에 상처를 입힌다.

야생으로 간 백수의 왕
- 동물원 사자 우리 앞에서

탁 트인 구릉에서 넓은 평원 바라보듯
노을빛 옷을 입은 수사자 앉아 있다.
수사修辭나 탄성 따위는
귓등으로 흘리고.

그 들판 내달리다 풍장을 꿈꾸기엔
철책이 너무 높아 발목만 접질리지
삭은 이
앙다물어도
콧날 시큰, 시큰한가.

머금은 바람 한입 벌겋게 뿜어내고
박제인 듯 긴 그림자 갈기만 간들거려
서글픈
시간의 꽃이
동자瞳子 속에 시든다.

일몰 끝을 잡은 주검

제 혼 업고 찾아간 곳
험난한 야생에서 살점이나 움켜줄까?

그렇지!
제왕의 포효
목에 걸려있었지.

잉어의 춤사위

포도주색 놀이 비낀 늪이 너무 소슬하다.
알 슨 이슬 낚싯대 위, 어둠 한 겹 덮을 무렵
눈뜨는 개밥바라기
첩첩 밤 부르는가.

골골 울음 부엉이가 토해놓은 적막 속을
반딧불이 찌 하나가 야금야금 삼킨 어둠
새파란 불기둥 된다.
챔질은 본능이지.

당겨진 활 등같이 긴 대가 휘어진다.
팽팽한 낚싯줄은 거문고 튕기는 소리
벅차게
북 치는 심장
장단 척척 맞춘다.

수면 몇 번 박찬 대물 저 거친 춤사위에
"둥 기둥 툭" 터지는 줄

풍악이야 멈추든 말든
잉어는
수면 가른다.
갈고리달 물고 간다.

등용문을 넘는 잉어

황하의 거센 역사 갖은 그물 쳐져 있어
굴곡지고 탁한 곳은 예리하게 촉수 세워
유장히 나아가야 해,
무람없이 갈 순 없어.

급류 아래 모인 무리 황금 물빛 눈이 부셔
저어했던 소용돌이에 맥도 없이 휩쓸릴 때
예지로 남긴 기운이
꼬리에 아직 있지.

여울목 올랐다가 홍예 두른 문턱에서
수문장이 수염 당겨 고개 몇 번 꺾였던가.
이무기 될 수는 없어,
다시 도전해야 해.

'비류직하삼천척'*도 거스를 힘 길렀지
서슬 퍼런 지느러미 천근 빗장 토막 내고
등용문 활짝 열었어,

여의주를 물었어.

*이백의 시 '망여산폭포望廬山瀑布'에서 '비류직하삼천척飛流直下三千尺'을 인용.

어떤 별리別離·1
-반려견의 죽음

1.

주검 안고 눈감아도 긴 적막은 아니었어.
내 발걸음 확인하고 반겨 주던 그 소리가
귓속을
맴돌아 나와
팔짝팔짝 뛰었어.

2.

엇물린 치차 같이 쉬는 숨이 불규칙해
가만히 쓰다듬고 이름 자꾸 불러 봐도
몸부림 한 번도 없어
널 껴안고 밤 새웠지.

초점 없는 눈동자에 엄마 아빠 새겨놓고
시든 국화 두 송이가 눈꺼풀을 덮었을 때
흰 털엔
이슬이 떨어져
안개꽃을 피웠어.

3.
마지막 약속의 날 너 부터 찾을 거야
외로워도 참고 있어
가족 다시 모일 때까지
아가야!
너는 참 예쁜, 참 예쁜 딸이었어.

황조롱이, 도시의 하늘에서 길을 묻다

목덜미에 깃털 세운 결전 앞둔 장수인가.
갈던 부리 치켜들고 발톱 세워 벼린 순간
저물어 눈감는 도시 사색 또한 짙어 간다.

지난날 맑은 허공 늘 가던 길 사라지고
답답한 숨 삼킨 열기 토할 곳 찾아보다
홀연히 솟구친 하늘, 바람칼이 핏빛이다.

긋고 가는 긴 획 따라 갈라지는 저 빌딩들
날개깃 치면 칠수록 와르르 무너지고
세상을 잠식해 가는 제 그림자 바라본다.

석양이 당겨가는 빛줄기 한끝 물고
첩첩산중 가는 그 길 가늠하고 멈췄는가.
활짝 편 죽지 저 아래 문명이 또 꿈틀한다.

날자, 검독수리

황금색 목덜미가 빛바랜 늙은 수리
암봉 위 벼랑에서 발아래를 굽어본다.
수사修辭나 탄성은 모두
이명으로 남았는가.

가야 할 곳을 아는 민머리 성자처럼
뉘 몰래 풍장의 길 하늘에다 음각했지
저 일몰 뒤편에 눈 뜰
작은 별들 그 사이로.

독백 같은 메아리가 허공에서 부서진다.
장밋빛 놀 속에서 일어나는 상승기류
다시금
날개를 펼쳐
벼랑 힘껏 박찬다.

■ 해설

정형의 윤리와 잔광의 미학
- 『석양, 그리고 발자국』의 상징 구성과 발화 전략

1. 여는 글

한 권의 시조집을 연다는 건, 낡은 문살을 여는 일과 비슷하다. 살짝 미는 손끝이 먼저 떨리고, 문턱을 넘자마자 공기의 냄새가 달라진다. 배종도 시인에게 '정형'은 제 몸을 지키는 뼈대이자 숨을 고르는 리듬이다. 시인 스스로 밝힌 바처럼 "시조는 자유시가 아니고 정형시"라는 다짐에서 출발해(그 서늘한 엄숙을 우리는 시조집 전편에서 반복해서 만나게 된다), 그는 허리를 펴고 고개를 세워 정형의 골격을 빈틈없이 세운 뒤, 그 위에 풍경과 사유, 삶의 세목을 올린다. 이 작업은 화려한 장식이 아니라 '추錘'에 가깝다. 무거운 생의 끝에 매달아 리듬을 고르고 음을 정조定調하는 것.

이 시조집의 핵심 정조를 한 줄로 말하자면 '석양의 미학'이다. 낙조가 책의 시작과 끝을 번갈아 물들이고, 그 사이를 나무와 탑, 새와 짐승, 이주노동자와 도시의 밤이 오가며 옮겨 심는다. 서늘한 저녁 빛은 그의 시각을 현실로 견인한다. 예컨대 「창경궁 주목朱木」의 첫수에서 "한 번만 더 몸통 틀면 용이 될 수 있었는데"로 시작하는 신체적 상상은, 주목의 생장과 사도세자의 비극을 겹쳐 놓는 방식으로 역사적 상흔을 현재의 표면으로 끌어올린다. 여기서 말은 과장으로 치닫지 않는다. 나무의 "줄기 고대가 갈라졌다"는 묵직한 서술은 과잉의 표현을 거부한다("아뿔싸! 벼락이 내려 줄기 고대 갈라졌다" 대목). 곧바로 독자는 잎맥과 피부, 궁궐의 처마와 비바람의 질감까지 촉각적으로 만지게 된다. 그 정직한 묘사가 이 시조집의 품위를 만든다.

그는 자주, 사물의 전면을 보되 사물에 기대어 사람을 본다. 이를테면 탑, 석상, 해치 같은 존재들을 마주한 순간, 시선은 '뒷면'을 더듬는다. 이곳에서 유용한 개념 하나를 빌려오면 '우의'다. 감추인 사연을 사물의 몸에 옮겨 새겨, 독자가 둘러보게 하는 장치. 우의는 비유의 친척이지만 표적이 더 깊다. 표면의 아름다움이 아니라, 아름다움이 어떻게 만들어졌는지에 대한 기억까지 불러낸다. 그가 한 번 더 밀어붙이는 지점은 '내재율'이다. 고정된 장단 속에서 어휘와 행갈이가 만들어내는 미묘한 박동. 이 박동이 있기에, "덜 여문 구름 한 장 불콰하게 타다 걸린 / 첨탑에서 흘러온 때를 잊은 종소리" 같은 구절이 미끄러지지 않고 제자리를 찾는다.

　상징과 은유의 밀도도 짚어볼 만하다. 나무가 유난히 많다. 주목, 노송, 대추, 소나무, 탱자… 거기엔 '뿌리'와 '결'과 '옹이'가 있다. 나무는 생의 인장印章이다. 그 인장은 이력서처럼 반듯하지 않다. 꺾이고 갈라지고 뒤틀린다. 그 틈으로 빛이 들어온다. "뚝·뚝·뚝 땀은 흘려도 / 붉은 뼈대 곧 추선다"라는 대목은, 세월과 폭풍을 통과한 뒤에도 스스로의 중심을 세우는 존재의 의지를 응축한다. 상징은 과잉으로 흐르지 않고, 정확히 피멍 든 언어에 실려 제 길을 걷는다.

　물론 이 시조집의 태도는 단정하여 때때로 경직되어 보일 때도 있다. 정형의 의식이 강한 만큼, 서술의 탄력이나 구성이 조금 더 느슨했더라면 하는 순간들이 있다. 특히 사회적 현안(광우병, 룸살롱, 이주노동자)을 다룰 때, 시적 압축력이 경직되는 지점은 아쉬움으로 남는다. 그러나 그조차도 '정형'이라는 자각 위에서 나온 선택이니, 내러티브의 온도를 떨어뜨리되 대상의 윤곽을 흐리지 않으려는 의지로 읽힌다.

　결국 이 시조집은 석양의 자리에서 세상을 배우는 법을 가르친다. 저문 빛을 보며 물러나지 않고, 그 빛으로 사물의 옆모습과 사람이 남긴 무늬를 오래 더듬는 법. 그래서 이 시조집의 미학은 퇴락의 미가 아니라 '잔광의 미'다. 사라져가는 순간에 한줄기 핏빛이 박히고, 그 사이로 "갈바람 / 날개를 접어 / 숨결 곱게 안겨드는" 세계가 있다. 그 잔광을 오래 붙드는 일, 그것이 이 시조집이 제안하는 미학적 훈련이다.

2. 나무의 윤리

나무는 먼저 버틴 뒤에 말한다. 껍질의 금과 옹이의 방향, 벼락의 자국이 그 나무의 지난 시간을 대신 증언한다. 주목의 붉은 결 위로 석양이 내려앉는 순간, 사물을 빌려 다른 뜻을 드러내는 방식이 또렷해진다. 겉모습의 화려함보다 등 쪽의 거친 질감에 귀 기울이는 시선, 시 안에서 자연스럽게 이어지는 박동이 그런 읽기를 가능하게 한다. 그래서 이 시조집의 상징들은 과장이 아니라 기록처럼 느껴진다.

> 1. 낭패를 보다
> 한 번만 더 몸통 틀면 용(龍)이 될 수 있었는데
> 뒤주 속 앰한 혼령 품어 안고 다독이다
> 아뿔싸! 벼락이 내려 줄기 고대 갈라졌다
>
> 2. 사도세자의 최후

후려치는 비바람이 우레를 몰고 와서
잦아들던 헛웃음도 에둘러 덮었던 건
빛 한 점 못 보고 가는 감읍 할 성은(聖恩)인가

손톱이 다 빠진 날 힘없이 늘어진다
불여귀 울음 울어 혜경궁은 합장하고
세손의 통곡이 아파 나도 함께 울었다

3. 오늘
적소(謫所)인 듯 인적 없어 옛 생각에 한숨 쉬자
어깨 가만 두드리고 궁궐 지붕 넘는 석양
거듭난 가지도 모두 회오리칠 준비 한다
　　　　　　　　　　-「창경궁 주목(朱木)」 전문

　이 작품은 한 그루 주목의 몸에 사도세자의 비극을 겹쳐 놓는다. "한 번만 더 몸통 틀면 용이 될 수 있었는데"라는 첫 구절에서 이미 거의 도달했지만 꺾인 운명이 감지되고, "뒤주 속 앰한 혼령"이 곧바로 역사적 사건을 환기한다. 이어 "줄기 고대 갈라졌다"는 말은 비극의 흔적을 나무의 상처로 바꾸어 보여준다. 말맛이 가장 날카로운 곳은 "빛 한 점 못 보고 가는 감읍 할 성은인가"인데, 겉으론 공손한 듯 하면서도 권력의 냉혹함을 비트는 문장이다. 혜경궁과 세손의 눈물이 과거의 사건을 현재의 정서로 불러와 무게를 붙여 주고, 끝의 "궁궐 지붕 넘는 석양"은 감상용 장면이 아니라 오늘의 빛으로 과거를 단정하게 비추는 조명에 가깝다. 그래서 전편이 울분으로 치닫지 않고, 차분한 추도의 어조를 끝까지 유지한다. 사물로 사람을 비추는 이 간접 말하기가 작품의 힘이며, 초장-중장-종장의 고른 호흡이 과장 대신 긴장을 남긴다.

> 저 말 아직 살아있다, 깊은 잠 깨어났다.
> 장승이 된 천관녀의 붉은 사모 접지 못해
> 엎어져 피를 뿜었던 백마 아직 살아있다.
>
> 흰털 곱게 벗겨내듯 머리맡에 빛 들던 날
> 자작나무 장니 속에 숨어 지낸 시간 들을
> 부르르 앙다문 입이 자꾸자꾸 토해낸다.
>
> 갈기를 휘날리며 구름 감은 그 발짓도
> 천년을 하루같이 발싸심 하던 것이
> 저렇게 진저리치고 성큼 뛰어 나온다.
>
> 꼭 한번 달렸어야 할 황산벌이 보이는가.
> 노을 타고 날아가다 주춤하고 숨 고르고
> 기어이 참았던 울음 터뜨리고 있는가.
> -「천마도 장니(天馬圖 障泥)」

여기서는 유물이 현재형의 숨을 얻는다. "저 말 아직 살아있다"라는 현재형 선언이 시간을 열어젖히고, 장니의 결, 백마의 피, "앙다문 입" 같은 촉각적 어휘가 그림 속 말을 눈앞으로 끌어낸다. 셋째 연부터 속도가 붙어 "황산벌"이 호출되면 역사와 신화, 지금의 감정이 하나의 장면으로 겹친다. 달리지 못했던 말의 응어리가 마지막에 "기어이" 터지는 설계도 분명하다. 다만 그 결말의 직진은 독자에 따라 감정의 고도가 빠르게 치솟는다고 느낄 수 있는데, 그런데도 유물-현재-역사를 잇는 통로가 매끄럽게 열려 있다는 사실은 변하지 않는다.

 두 작품을 나란히 읽으면 법칙이 보인다. 서로 다른 것들이 서로를 비춘다. 나무는 왕자의 운명을, 말은 전사의 시간을, 석양은 종소리를 떠올리게 한다. 이런 상호 비춤이 작동하려면 시의 기본 박자가 먼저 단단해야 한다. 삼 장에 알맞게 힘을 배치해 문장이 미끄러지지 않도록 붙잡는 일, 바로 그 내적 박동이 의미를 지탱한다. 그래서 결론도 간명해진다. 배종도의 '나무의 시'는 자연 예찬이 아니라 삶의 태도에 관한 글이다. 버티고, 견디고, 다시 선다는 것. 정형의 틀은 그 태도를 우리 몸에 붙이는 도구가 된다. 읽고 나면, 우리도 모르게 등을 펴게 된다.

3. 사랑의 잔향 — 그리움과 상실의 발화법

 사랑의 말은 키울수록 가벼워진다. 그래서 그는 사랑을 말하되 장식을 덜고, 통속의 관습을 비켜선다. 애틋함을 곧장 앞세우기보다 먼저 호흡을 맞춘다. 리듬을 낮추고, 톤을 낮추고, 감정의 체온을 문장 바깥으로 잠시 밀어둔다. 그 여백에서 비로소 말이 스며든다. 기다림이 감정의 주인이

되고, 서술은 뒤에서 따라간다.

> 종일 그대 기다리다 몸으로 우는 밤은
> 달빛도 구름 가려 깊은 시름 삼키는데
> 남몰래 / 타는 가슴을 / 어떻게 더 사르리.
>
> 매정한 님 기다리다 사무치는 그리움에
> 짙어지는 지난날들 울면서 휘저어도
> 설움이, / 설움이 자꾸 / 북받치는 이 한밤.
>
> 애증의 정기인가 잠 안 자는 달
> 그리고 별 / 가만히 하나 따다 밤새워 품으리라
> 차디찬 / 볼에다 대어 / 뜨거운 눈물 적시리라.
> - 「설움이 북받치는 밤」 전문

「설움이 북받치는 밤」은 제목이 큰 파문을 예고하지만, 첫 행의 문장은 낮은 음으로 시작한다. "종일 그대 기다리다"라고 말하면서도 1인칭의 전면 등장은 끝내 자제되고, 밤의 기운과 달빛의 흐름이 감정의 앞자리를 대신한다. 이 미세한 거리 두기가 울분의 확성을 막고, 오히려 기다림의 밀도를 끌어올린다. 종장에서 별 하나를 "따다"가 아니라 "품으리라"로 데려오는 제스처가 중요하다. 점유가 아닌 보듬음, 과시가 아닌 체온의 이전. 사랑의 과열을 피하고 밤의 물성 속으로 감정을 침전시키는 길, 바로 그 길이 이 시조의 호흡을 지킨다.

1.
성공 가도街道 열차에서 여린 손 흔들었어.
앙가슴에 대못 박혀 / 눈물 훔친 어머니와
한평생 / 이별이 될 줄 / 플랫폼은 알았을까.

2.
어둠을 밝히는 건 / 촛불 든 환영幻影인가.
내 손 잡던 고운 손이 뼈마디로 등을 쓸어
그 품속 / 아련한 체취 / 뜨겁다, 눈시울이.

3.
몇십 년 기억들이 강물같이 흐르는 밤
잠 못 이뤄 돌아눕자 / 복장 자꾸 뻐근해서
만져본 / 내 명치에도 / 대못 하나 박혀있어.

-「대못」전문

 같은 절제가 「대못」에선 더 묵직하게 응축된다. 플랫폼의 이별을 그는 '대못'이라는 촉각으로 박아 넣는다. 추억의 서사를 길게 펼치지 않고, 차갑고 무거운 물성을 먼저 건네는 선택이 정확하다. 둘째 수에서 "뼈마디로 등을 쓸어"라는 구절은 감정을 설명하지 않는다. 손이 대신 말한다. 신체의 기억이 정서의 표면을 뒤집을 때, 울음은 문장 바깥에서 이미 시작된다. 마지막에 이르면 "내 명치에도 대못 하나"가 확인된다. 사적 장면이 독자의 몸으로 옮겨 붙는 순간이다. 심상은 장식이 아니라 기억을 다시 작동시키는 장치가 되고, 한 사람의 사연은 보편의 통증으로 번역된다.

두 작품이 보여주는 건 사랑의 언어가 '성찰의 형식'으로 이동하는 장면이다. 그는 사건의 인과를 늘어놓는 대신, 몇 개의 장면과 촉감을 남겨 독자 안에서 재서사가 일어나도록 유도한다. 줄거리의 확장을 멈추고 이미지의 중량을 키우는 방식, 시조의 정형 리듬과 맞물릴 때 시효가 극대화된다. 초장에서는 장면을 세우고, 중장에서는 감각을 돌려놓고, 종장에서는 육성 대신 여운을 건넨다. 말의 양을 줄였는데 울림은 오히려 커지는 방식이다.

물론 작은 요철은 있다. 「설움이 북받치는 밤」의 별 한 줄은 관습적 상징처럼 보일 여지가 있다. 그러나 그 별이 가리키는 동작이 '소유'가 아니라 '품기'라는 점을 생각하면, 감정의 방향은 과잉이 아니라 정리로 기운다. 손바닥을 쥐는 대신 펼쳐 보이는 법, 그 자세가 이 시집의 정조와 닿아 있다.

사랑의 말은 작게, 상실의 말은 깊게. 두 시조는 그 간단한 질서를 엄격하게 지킨다. 먼저 기다림이 있고, 나중에 해후가 있다. 먼저 손의 감각이 있고, 나중에 눈물의 진술이 있다. 그래서 독자는 마지막 페이지에서야 비로소 자기 명치의 무게를 더듬는다. 거기에 작은 대못 하나가 남는다. 쉽게 뽑지 말라는, 시의 조용한 당부처럼.

4. 도시의 그늘 ― 룸과 공장 사이에서

도시를 다룰 때 그의 시선은 온도를 잰다. 뜨거움과 차가움이 뒤섞인 장소에서, 그는 도덕의 장광설 대신 감각의 붕괴를 먼저 보여준다. 비유는 꾸밈이 아니라 경보다. 어느 순간, 독자는 냄새를 맡고, 촉수를 느끼고, 속이 요동치는 자신의 몸을 자각한다. 그 자각이 곧 윤리의 기점이 된다.

> 룸살롱 들어서면 오염된 바다였다.
> 줄줄이 원자탄 터져 뒤집혀진 해저에는
> 혼탁한 물결이 일어 비굴해도 괜찮다.
>
> 아름다운 호스티스 갸름한 팔 문어 같아
> 곁에 앉은 아귀 몸을 착착 감아 녹이라고
> 앙가슴 골짜기에다 배춧잎을 꽂았다.
>
> 오장육부 뒤틀려져 울컥울컥 토하도록
> 촉수를 곤두세운 저 탐욕 역겨워도
> 허리를 굽혀 가면서 노래하면 가라앉는다.
>
> 낙지 섞인 폭탄주만 거푸거푸 들이키는
> 아! 나는 바보인가, 바보가 되었는가.
> 음흉한 / 아귀 아가리 / 구세주로 보인다.
> -「비즈니스 룸에서」 전문

이 작품은 '도덕' 대신 '생태'를 호출한다. 룸살롱은 "오염된 바다"로 전환되고, 인물들은 해양 포식자의 사슬로 배치된다. 문어, 아귀, 낙지, 폭탄주—맛과 냄새, 점성과 방사성의 이미지가 입과 위장을 자극한다. 그 결과, 독자는 혐오를 관념으로 소비할 수 없게 된다. "오장육부 뒤틀려져"라는 문장처럼 내부가 먼저 흔들리기 때문이다. 이때 비유는 설교를 대체하지 않는다. 오히려 감각을 예민하게 되살리고, 그 되살아난 감각이 공간의 윤리를 묻는다. 마지막의 자기 조롱―"아! 나는 바보인가"―은근히 중요하다. 비판의 칼끝이 타자에게만 겨눠질 때 발생하는 위선을 끊어 내고, 공모의 지점까지 드러낸다. 그래서 이 시조는 선악의 도식으로 닫히지 않는다. '훼손된 감각'이야말로 도시가 인간에게 가하는 폭력임을, 몸의 언어로 확인시킨다.

    선반에 잘린 손가락 토룡처럼 팔딱였다.
    몇 개나 더 베어가야 몸부림칠 수 있을까
    아무리 / 애를 써 봐도 / 가위눌린 꿈이다.

    일찌감치 수렁으로 탈출한 내 아우는
    번뜩이는 눈빛으로 골목길 헤집으며
    버러지 같이 살아도 / 배춧잎만 먹는다.

    몽당손 되기 전에 품은 의지 배반할까
    신의 품에 숨어들면 매스컴도 못 보는데
    어차피 / 코리아 드림 / 진땀 빼고 깨어난 것.
                                 -「이주노동자」 전문

    여기서는 아픈 사실이 서사보다 먼저 온다. "잘린 손가락"은 사건의 배경을 늘어놓기 전에 신체의 단절을 눈앞에 던진다. 토룡처럼 팔딱이는 그 한 줄에 재단된 노동, 위험의 일상, 환멸의 속도가 압축된다. 시는 피해를 선동의 언어로 포장하지 않는다. "배춧잎만 먹는다" 같은 맨말의 건조함이 오히려 배고픔의 구조를 선연하게 만든다. 종장에 이르면 "코리아 드림"이 반어로 뒤집힌다. 꿈은 번역 과정에서 구호가 되었고, 구호는 땀과 통증으로 환원된다. 화자의 시선이 높은 데 있지 않은 것도 장점이다. 연민을 말하되, 대상의 초상을 박제하지 않는다. 기록하되, 소비하지 않는다. 그 거리감이 윤리의 최소 단위다.

두 작품을 나란히 놓고 보면, 도시가 하나의 계기판처럼 보인다. 화려함과 피로, 소비와 폐기의 그래프가 동시에 출렁이고, 감각의 이상치가 경보음을 울린다. "음흉한 아귀 아가리 구세주로 보인다"는 날 선 역설은 자본이 감각을 얼마나 손쉽게 전도시키는지 보여주는 장면이다. 여기서 상징과 은유는 사회비판의 손전등이 아니라 감각을 재훈련하는 체육관에 가깝다. 냄새, 맛, 촉감, 무게—몸의 센서를 다시 켜야 현실의 '온도'가 읽힌다.

「비즈니스 룸에서」의 직설 한두 군데, 이를테면 "나는 바보인가"는 마지막 순간까지 삼갔더라도 메시지는 충분히 도달했을 것이다. 다만 그 고백 덕에 독자의 자리도 열린다. 우리 또한 때로는 공모의 가장자리에 서 있었다는 사실, 그 불편한 자각을 외면하지 않게 된다. 도시가 그런 곳이기 때문이다.

덧붙여, 「이주노동자」가 환기하는 문제의식은 장소와 통제의 문제와도 맞닿아 있다. 공장의 내부, 기숙사의 규칙, 언어의 벽이 일상의 감금으로 이어질 때, 시조는 '누가 말할 수 있는가'라는 질문을 반복한다. 이 작품이 굳이 설명을 늘리지 않고 신체의 조각만으로 응답하는 까닭은, 설명보다 감각이 먼저 증언이 되기 때문이다. 그 증언이 오래 남는다.

5. 석양의 미학 — 광야의 빛이 남기는 것

석양은 사라짐의 장식이 아니라 정리의 도구다. 저문 빛은 사물의 윤곽을 단호히 드러내고, 말의 과장을 덜어내며, 남겨야 할 것과 놓아야 할 것을 가늠하게 한다. 광휘가 아니라 윤곽, 감탄이 아니라 복기. 핏빛의 긴장은 단죄보다 망설임을, 격정보다 여백을 불러온다. 이 장은 바다와 백사장, 그리고 '아버지'의 호명이 교차하는 두 편을 통해 잔광이 어떻게 애도의 기술로 변모하는지 더듬는다. 마지막에 남는 것은 소리보다 숨, 불꽃보다 되밟는 발자국의 리듬이다.

비장함이 서려 있다. 타는 석양 핏빛 노을
하얀 포말 달려왔다 소리 한 번 못 지르고
써늘한 / 이 긴장감에 / 꽁무니를 빼고 있다.

문명에 찌든 구름 태양의 길 훼방하다
기어이 세를 불려 서녘 하늘 덮었는가.
예리한 / 섬광 한줄기 / 한복판을 가른다.

천지가 환하도록 쏟아지는 맑은 선혈
선정에 든 섬도 모두 합장하고 앉았다가
비로소 / 저를 염하듯 / 땅거미를 덮는다.
-「정서진 석양」 전문

이 시조집의 미학적 핵심을 가장 밀착해 표상하는 작품이다. 「정서진 석양」은 낙조를 풍경화의 화려함으로 진열하지 않는다. 첫 행에서부터 낭만을 지우고 긴장을 세운다. 포말이 "소리 한 번 못 지르고" 물러서는 장면은 자연의 장식성을 거둬내며, 이어지는 "섬광 한줄기"가 하늘의 한복판을 가르는 순간, 석양은 관조의 배경이 아니라 판단의 칼날이 된다. 이 빛은 무언가를 단죄하기보다는 윤곽을 정리한다. 무엇을 보태지 않고, 무엇을 덜어내는가, 저문 빛의 일은 결국 그 정리의 기술에 닿아 있다. 그래서 섬들은 합장하고, 바다는 잠시 말을 잃는다. 여기서 배우는 건 '시간의 윤리'다. 저물어갈 때 과장하지 않는 태도, 끝을 끝으로 받아들이는 미덕.

아픈 상처 남김없이 지우려고 왔습니다.
수평선에 걸린 석양 지난 세월 아는 듯이
희미한 / 그림자 하나 / 바위에 새깁니다.

갓 핀 황혼 내 어깨에 켜켜이 쌓여있는
무거워도 못 내리고 / 감당하기 힘든 만상萬象
그 위에 / 덮이는 노을 / 흰머리도 벅찹니다.

내 짐 벗겨 가시더니 / 지는 해에 다 태우고
백사장의 발자국을 / 되밟고 가십니까.//
"아버지!" / 불러보다가 / 눈시울만 적십니다.
-「석양, 그리고 발자국」

이 빛의 윤리를 개인의 서사로 끌어오는 것이 「석양, 그리고 발자국」이다. "상처를 지우려고 왔"다는 선언은 높지 않다. 화려한 장례의 의식 대신, "그림자 하나"를 바위에 새기는 낮은 제의가 놓인다. 이름이 아니라 그림자, 덧없음을 새기는 행위다. 종장의 호명, "아버지!"는 슬픔의 과시가 아니라 마지막 숨을 던지는 목소리다. 파도가 오면 사라질 글씨처럼, 말은 조용히 잦아들고, 애도는 크기보다 품격으로 완성된다. '되밟고 가십니까'라는 질문은 남겨진 자의 예의다. 되밟음은 지움이자 복기다. 사라진 발을 따라 자기 발을 다시 놓는 일, 그 작은 절차가 애도의 방법이 된다.

여기서 석양은 감상적 장식이 아니라 정리의 도구다. 배종도는 저무는 빛으로 사물과 마음의 윤곽을 다듬는다. 붉은색은 유죄·무죄를 묻지 않지만, 핏빛의 긴장을 남긴다. 그 긴장이 독자를 해안으로 데려간다. 책장을 덮은 뒤에도 우리는 한동안 백사장을 거닐며, 우리 자신의 발자국을 되짚어 볼 것이다. 남길 것과 지울 것, 말할 것과 묻어둘 것을 가늠하면서.

덧붙이면, 「정서진 석양」의 몇 장면은 스펙터클의 문턱에 바짝 다가선다. 눈부신 광휘가 시적 긴장을 잠시 느슨하게 만들 위험도 있다. 그러나 끝내 그 빛은 잔광으로 가라앉고, 잔광은 다시 고요로 수렴된다. 이 시조집이 일관되게 지켜 온 미학, 즉 과장 대신, 여백과 정리와 배치되지 않는 이유다. 마지막에 남는 것은 늘 소리 아닌 숨, 광휘 아닌 윤곽이다. 그 윤곽이 우리에게 묻는다. 지금, 당신의 저물녘은 무엇을 덜어내고 무엇을 남겨두었는가.

6. 생명의 결

타자를 본다는 건 가까이 들이대지 않되 모른 척하지 않는 일이다. 여기서 살펴볼 두 편의 시조는 도시 변두리의 생명, 즉 버려진 개와 뜬장의 황구를 응시하면서 연민의 과장과 냉정의 잔혹 사이에서 멈춰 서는 법을 배운다. 기록하되 소비하지 않고, 묘사하되 착취하지 않는 시선. 노을빛 언덕에 선 석상 같은 몸, 끝내 옮겨 적지 못한 눈동자의 빈자리, 바로 거기서 독자의 상상과 책임이 호출된다.

꽃샘추위 바람 불어 할퀴듯이 지나간다.

옛집 몇 번 돌다가 와 / 혀를 빼문 저 유기견
노을빛 / 머무는 언덕 / 버티고 선 석상(石像)이다.

내달리는 이삿짐 차 / 피 토할 듯 짖고 따르다 //
빈 길 한참 바라보고 / 쓴웃음 짓는 모습 //
다갈색 / 눈물 자국이 / 점점 검게 변해간다.

골목 돌아 누구인가, 누군가 올 듯한 날
하루가 다 가도록 중장비만 지나간다.
저무는 / 들개의 길엔 / 삭풍 아직 숨을 쉬고.
ㅡ「저문 날의 유기견」 전문

이 시조집에서 가장 아프게 빛나는 대목이다. 이 시조는 도시 개발의 그늘을 따라다니는 생명을 정면에서 붙잡되, 눈물의 과장으로 밀어붙이지 않는다. "옛집 몇 번 돌다가 와 혀를 빼문 저 유기견" 건조한 서술이 한 장면을 단단히 고정하고, "노을빛… 석상"으로의 전환이 시간을 석화石化시킨다. 생존의 시간이 돌처럼 굳는 이 지점에서 우리는 시선의 윤리를 배운다. 함부로 쓰다듬지 않고, 그렇다고 외면하지도 않는 거리. 이 절제가 마지막 연의 "삭풍"을 도식적 비감이 아니라 체감의 냉기로 남긴다. 버려진 몸의 자세가 '서사'보다 먼저 말을 거는 순간, 독자의 마음은 이미 언덕 위의 석상 곁으로 이동해 있다.

거친 숨결 새어나는 뜬장 개집 그립니다.
목숨 거둘 어미 개들 미리 염습하는 음지

언제쯤 햇살이 들어 / 밝은 세상 그릴까요.

비루먹고 발 갈라져 두 번 보기 역겨운데
배설물, 선지 썩어 시궁창 된 도살장엔
식칼에 낫과 도끼가 / 퍼런 살기 뿜습니다.

저승길로 이끌고 갈 올가미 그린 순간
핏물 밴 벽 구석에서 웅크려 떠는 황구
주인은 이성을 잃고 / 인간이길 접은 걸까?

측은지심 울음 울고 붓에 눈물 적시지만
하늘 찢는 단말마 비명 시허옇게 뒤집히는
눈동자, 눈동자는 차마 / 그리지를 못했습니다.
-「뜬장 삽화」 전문

여기서는 현실의 참혹을 외면하지 않되, 자극의 재현도 거부한다. "비루먹고 발 갈라져" 같은 촉각의 어휘가 냄새와 통증을 일으키지만, 시선은 끝내 '눈동자'를 그리지 않는다. 그 '못함'은 회피가 아니라 한계의 자각이며, 윤리의 시작이다. 잔혹을 반복 재현하는 것이 또 다른 폭력이 될 수 있음을 아는 붓, 그래서 멈추는 붓. 이 멈춤이 독자의 상상과 책임을 호출하고, 작품의 여백은 구경이 아니라 증언으로 변한다. 일부 장면에서 도살장의 디테일이 과밀하게 느껴질 수 있으나, 그것은 현실의 과밀을 반사한 결과이며, 마지막의 생략이 전편의 과밀을 상쇄해 균형을 맞춘다.

이상의 두 시조는 '현실을 어디까지 응시할 수 있는가'라는 질문을 끝까지 밀어붙인다. 감상으로 흐르지 않고, 냉정이 잔인으로 미끄러지지 않는 좁은 길. 배종도는 언어의 속도를 늦추고 호흡을 길게 가져가면서 그 길을 통과한다. 독자는 페이지를 넘기기 전, 잠시 눈을 감게 된다. 시가 그리지 못한 자리를 자기 상상으로 메우는 잠깐의 침묵, 그 다음에 남는 것은, 생명을 향한 최소한의 예의다.

7. 닫는 글 ― 정형의 추(錘), 잔광의 숨

책을 덮고도 오래 남는 것은 낙조의 휘장, 나무의 옹이, 모래 위를 되밟는 발걸음의 리듬이다. 배종도의 시조는 정형을 신앙처럼 고집하지 않으면서도, 그 틀을 단단한 뼈대로 삼아 현실의 살과 피를 덧입힌다. 사물은 사람의 이력으로, 저녁빛은 사물의 윤곽을 밝혀 주는 조명으로 바뀐다. 이 왕복 사이에서 화자의 시선은 온기를 잃지 않으려 애쓴다. 형식은 법도가 아니라 호흡이며, 초장·중장·종장의 좁은 방에서 그는 뜻밖에 넓은 시공을 펼친다. 그 숨결을 떠받치는 것은 내재율이다. 시 바깥의 박자에 기대지 않고, 어휘의 결과 행갈이에서 스스로 일어나는 박동―그 박동이 이미지들을 과장의 열기로부터 구해 내고, 끝내 침착한 온도로 정리한다.

이 시조집이 남긴 확인 몇 가지. 첫째, 상징과 은유는 대상의 등짝에 새길 때야 비로소 단단해진다. 주목의 붉은 뼈대, 천마의 질주, 석양의 칼날, 유기견의 석상, 이 이미지는 표어처럼 떠들지 않으면서도 기억의 밑줄이 된다. 둘째, 시적 발화는 사회적 고발보다 오래간다. "잘린 손가락", "낙진 섞인 폭탄주" 같은 구절은 선언보다 깊다. 선언은 시효가 있지만, 감각화된 기억은 오래 지속된다. 셋째, 윤리는 말투의 문제다. 격해지지 않고 망설이며, 그 망설임으로 세계를 지키는 태도, 이 시조집의 문장들은 그 높이를 잃지 않는다. 여기서 우의가 힘을 얻는다. 사물을 빌려 타자와 역사를 지시하는 간접의 장치가 도덕의 설교를 대신하지 않고, 독자의 몸에 먼저 닿는 감각의 통로가 된다.

물론 바람도 없지 않다. 도시와 노동을 다루는 몇몇 작품에서 드문 직설은 한 칸 낮춰도 되었을 터다. 다만 그 직설은 때때로 시적 울림보다 앞서 나가기도 하지만, 결을 해치지 않는다. 오히려 그것이야말로 시적 감각과 사회적 윤리의 마찰면이 되는 지점이기도 하다. 오히려 현장의 온도와 작가적 양심을 증거하는 지점으로 남는다. 시간이 더 흐른 뒤 이 부분은 당대의 공기를 보존한 증언으로 다시 읽힐 것이다. 정형의 규율 아래서 현실을 더듬는 이 말투, 낡은 틀을 오늘의 윤리로 갱신하려는 그의 실험은 조용하지만 분명하다.

배종도 시인의 시조집 『석양 그리고 발자국』을 통해 살펴본 배 시인의 시조는 정형의 윤리를 내일의 언어로 업데이트하는 모범에 다가섰다는 것을 느낀다. 그는 새로운 형식의 탑을 세우겠다고 선언하지 않는다. 대신 전통적인 형식의 틀을 숨 쉬게 한다. 박자를 맞추고, 결을 따라가고, 지나친 광휘를 덜어 여백을 남긴다. 그래서 이 책은 하나의 구호 대신 하나의 추錘를 건넨다. 언어의 높낮이를 재고, 시간을 눌러 맞추며, 마지막으로 남은 잔광을 저울질하는 하나의 추. 독자에게 남는 것은 그 추를 손에 쥐고 자신의 문장을 다시 고쳐 달아 보려는 작은 의지다.

저녁은 깊어지고, 석양은 사라지지만, 발자국은 잠시 남는다. 물결이 와서 지우면 그 자리에 새 발자국이 찍힌다. 시는 바로 그 새 자국을 향해 손짓하며 끝난다. 그리고 조용히 묻는다. 오늘, 당신의 잔광은 어디에 머무는가.

(김태균, 시인)